敦煌·一窟一世界

DUNHUANG
YIKU
YI SHIJIE

同庆——著

故事里的敦煌

胡同庆 主编

甘肃文化出版社

图书在版编目（CIP）数据

敦煌·一窟一世界 / 胡同庆著. -- 兰州 : 甘肃文化出版社, 2022.6
（故事里的敦煌 / 胡同庆主编）
ISBN 978-7-5490-2297-7

Ⅰ. ①敦… Ⅱ. ①胡… Ⅲ. ①敦煌壁画－研究 Ⅳ. ①K879.414

中国版本图书馆CIP数据核字(2021)第187823号

敦煌·一窟一世界

胡同庆 | 著

项目策划 | 郧军涛　甄惠娟
责任编辑 | 凯　旋
封面设计 | 马吉庆

出版发行 | 甘肃文化出版社
网　　址 | http://www.gswenhua.cn
投稿邮箱 | press@gswenhua.cn
地　　址 | 兰州市城关区曹家巷 1 号 | 730030（邮编）

营销中心 | 贾　莉　王　俊
电　　话 | 0931-2131306

印　　刷 | 山东新华印务有限公司
开　　本 | 880 毫米 × 1230 毫米　1/32
字　　数 | 100 千
印　　张 | 6
版　　次 | 2022 年 6 月第 1 版
印　　次 | 2022 年 6 月第 1 版
书　　号 | ISBN 978-7-5490-2297-7
定　　价 | 58.00 元

前　言

敦煌石窟艺术是一种佛教艺术，而作为佛教艺术，佛、菩萨、弟子的形象必然是敦煌彩塑和壁画中的重要内容。因此，要真正理解敦煌艺术，就应该对这些形象的基本情况有所了解。

然而，几十年来对敦煌石窟艺术的研究，主要偏重于对佛教经变画、因缘故事画、本生故事画、史传故事画等方面的考证，以及对飞天、乐舞、服饰、图案等方面的研究或介绍，对于佛像、菩萨像、弟子像则只能看到一些简单的介绍。

众所周知，洞窟内的主体是佛的塑像，其次是两侧的弟子、菩萨塑像，共同成为佛教徒顶礼膜拜的对象。另外，洞窟内的壁画属于陪衬，其主要作用是用形象的图画向佛教徒宣传、阐述佛教义理，同时以强烈的装饰性效果来感染信徒。而壁画中的主要人物，大多也是佛、菩萨、弟子画像，即所谓尊像画。

由此可见，从题材内容来看，佛、菩萨、弟子像实际上是敦煌佛教石窟艺术中的灵魂，如果佛教石窟中没有佛像或菩萨像、弟子像，这样的石窟显然就不能谓之佛教石窟或佛教石窟艺术了。

绝大部分佛、菩萨、弟子在当时都是确有其人，不管是作为创建者、领导者的佛，还是作为推广者、组织骨干的菩萨、弟子，都是当时社会中有血有肉的人，他们来自不同的社会阶层，有着不同的社会经历，有自己的思想和诉求。了解他们，才可能真正对佛教文化有所了解，也才可能真正对敦煌佛教石窟艺术有所了解。

一般人只知道释迦牟尼佛、弥勒佛，也有许多人念“阿弥陀佛”，但是他们并不知道释迦牟尼佛是“现在佛”，不知道“现在佛”的前面还有“过去七佛”乃至“过去庄严劫千佛”；他们也不知道弥勒佛是释迦牟尼佛入灭五百年后才出世的“未来佛”，更不知道另外还有“现在贤劫千佛”“未来星宿劫千佛”；他们另外也不知道阿弥陀佛是和释迦牟尼佛同时代的佛，也不知道同时代的还有药师佛、十方诸佛等。

我们注意到，在出身方面的差异：“过去七佛”中的拘留孙佛、拘那含释迦牟尼佛、迦叶佛三位出身于印度的婆罗门种姓，而毗婆尸佛、尸弃佛、毗舍浮佛三位以及释迦牟尼佛则出身于印度的刹帝利种姓。佛陀的十大弟子中，舍利弗、目犍连、迦叶、须菩提、富楼那、迦旃延六位出身于婆罗门种姓，阿难、罗睺罗、阿那律三位出身于刹帝利种姓，而优波离则出身于最低贱的首陀罗种姓。据说文殊菩萨也出生在一个婆罗门家庭，地藏菩萨也曾是一个婆罗门女，而观世音菩萨曾是妙庄严王的女儿，普贤菩萨曾是转轮圣王的第八太子。

我们还注意到，最早跟随释迦牟尼佛出家的几乎都是他家族之人，如鹿野苑初转法轮时的憍陈如等五人，又如佛陀成道后回到故乡说法教化。跟随佛陀出家的阿难、跋提、提婆、难陀、难提、阿那律等王子和儿子罗睺罗，以及出家为尼的姨母摩诃波阇波提王妃等。又，弟子舍利弗、目犍连的姓名，是随母亲姓，别名才随父姓。又，有许多弟子曾经是外道人士，后来才皈依佛陀的，如舍利弗、目犍连及关门弟子须跋陀罗。

特别值得一提的是，诸佛、菩萨、弟子都各司其职，或各有自己的特色（神通）。如诸佛中，释迦牟尼佛主管现世对众生的教化，药师佛主管现世民生的病苦横祸，阿弥陀佛则主管接引念佛人往生"西方净土"，即尽可能帮助人解脱临终时对死亡的恐惧，未来佛弥勒则给人以希望。诸菩萨中，文殊菩萨专门职掌智德、证德；普贤菩萨专门职掌理德、行德；观世音菩萨主要负责救众生之急难和尽可能满足世人之各种需求；地藏菩萨的职能主要是超度亡魂、解救坠落地狱的亡者并主持地狱审判；大势至菩萨主要引导人一心念佛求生净土；维摩诘菩萨的职能主要是以一位在家的居士身份，辅助释迦牟尼佛教化民众。另外还有供养菩萨、引路菩萨等，都各有自己的职责。佛陀的十大弟子中，舍利弗智慧第一、目犍连神通第一、摩诃迦叶头陀第一、阿那律天眼第一、须菩提解空第一、富楼那说法第一、迦旃延论义第一、优婆离持律第一、罗睺罗密行第一、阿难陀多闻第一，他们各有其特长（神通）。

本书中，只是对诸佛、菩萨、弟子的身世、职能、特长等内容作了初步的介绍，并未作深入的分析和探讨，只是希望读者在此基础上能够关注相关的图像和内容，才可能对敦煌佛教石窟艺术真正有所了解。

目 录

觉行圆满的佛

佛，佛陀的略称。古时也写作浮屠、浮图等。意译为觉者、知者，意思是“觉悟的人”。既能自觉，复能觉他，觉行圆满，名为佛，为佛教修行之最高果位。即在自己开悟的同时，也从事于救渡他人，使他人开悟。

从时间角度看，有过去七佛（毗婆尸佛、尸弃佛、毗舍浮佛、拘留孙佛、拘那含牟尼佛、迦叶佛、释迦牟尼佛）、现在佛（释迦牟尼佛）、未来佛（弥勒佛），另外还有过去五十三佛、三世三劫千佛等。

从空间角度看，以释迦牟尼佛所在的古印度为中心，西方净土有阿弥陀佛，东方净土有药师佛，另外还有东、西、南、北、东南、西南、东北、西北、上、下十方诸佛等。

过去七佛的种姓与家庭

过去七佛，即毗婆尸佛、尸弃佛、毗舍浮佛、拘留孙佛、拘那含牟尼佛、迦叶佛、释迦牟尼佛，也就是包括释迦牟尼佛在内和他出世前所存在的六佛。

据佛经说，过去七佛分别来自三个不同的族系。其中毗婆尸佛、尸弃佛、毗舍浮佛三佛来自憍陈族，拘留孙佛、拘那含牟尼佛、迦叶佛三佛来自迦叶族，释迦牟尼佛则来自瞿昙族（释迦族）。

过去七佛中的第一佛毗婆尸佛，意译为胜观、净观、胜见及种种见等。他又是过去庄严劫第九百九十八尊佛。椐佛经所述，在过去九十一劫，人寿八万四千岁时，毗婆尸佛出现世间。降生于刹帝利种姓，姓拘利若（憍陈如），在波波罗树下成道。他的父亲名盘头，母亲名盘头婆提，子名方膺。其所在的王城名盘头婆提。

尸弃佛，过去七佛之第二佛，意译为顶髻、持髻、有髻、最上等。据佛经说，尸弃佛生于过去三十一劫之时，其时人寿七万岁，姓拘利

若（憍陈如），为刹帝利种，在分陀利树下成道。他的父亲名明相，母亲名为光曜，子名无量。其所在之城名光相。

毗舍浮佛，过去七佛中的第三佛，即过去庄严劫千佛中最后出现的佛，意译遍一切自在、一切有、一切胜、遍现、遍胜等。据佛经说，过去三十一劫中，人寿六万岁时，此佛出现于世，种姓为刹帝利，姓拘利若（憍陈如），在娑罗树下成道。父名善灯，母名称戒，子名妙觉。

图 1　西魏第 285 窟北壁 七佛

其所在之城名无喻。另外，依据巴利文《大史》所记载，毗舍浮佛是以燃灯佛为首的二十四佛中的第二十一佛。

拘留孙佛，过去七佛中的第四佛，也是现在贤劫千佛中的第一尊佛，又译为迦鸠留佛、鸠留秦佛、拘楼秦佛，意译为领持、灭累、所应断已断、成就美妙等。据佛经说，在贤劫中人寿四万岁时，拘留孙佛出现于世，为婆罗门种姓，姓为迦叶，在尸利沙树下成道。其父亲名记得，母亲名善枝，子名上胜。其所在的王城名安生城。关于拘留孙佛的遗迹，据《高僧法显传》所载，舍卫城东南十二旬的那毗伽邑，为拘楼秦佛所生之处，父子相见处，也都立有佛塔。

拘那含牟尼佛，过去七佛中的第五佛，贤劫千佛的第二尊佛，又称作拘那含佛、拘那伽牟尼，音译为金色仙、金儒、金寂等。据佛经说，拘那含牟尼佛于人寿三万岁时出生于清净城，为婆罗门种姓，姓为迦叶，在乌暂婆罗树下成道。其父亲名大德，母亲名善胜。关于拘那含佛的遗迹。据《高僧法显传》记载，舍卫城东南十二由旬的那毗伽邑，为拘留孙佛的出生处，由此向北减一由旬，即拘那含佛的出生处。

图 2 西魏第 285 窟北壁 过去七佛中的第一、第二佛

图 3 西魏第 285 窟北壁 过去七佛中的第三、第四佛

迦叶佛，为释迦牟尼佛以前之佛，过去七佛中的第六佛，现在贤劫千佛中的第三尊佛。又译作迦叶波佛、迦摄波佛、迦摄佛，意译为饮光佛、隐光佛。迦叶佛降生于释迦牟尼佛之前，传说为释迦牟尼前世之师，曾预言释迦将来必定成佛。佛经说，迦叶佛出世于贤劫中，人寿二万岁时出世，婆罗门种，姓迦叶，在尼拘律树下成佛。其父亲名阿枝达耶，母亲名檀那越提耶，子名集军。其所在国名波罗奈。据有关记载，在“都夷婆罗门聚落，在拘萨罗国界，舍卫大城西北六十余里”，便是迦叶佛出生之处。

图 4 西魏第 285 窟北壁 过去七佛中的第五、第六佛

释迦牟尼佛，既是过去七佛中的第七佛，也是现在佛。释迦牟尼佛本是古印度迦毗罗卫国的太子，姓乔答摩，名悉达多。其父亲名净饭，母亲名摩耶。大约在公元前六世纪中叶出生于北印度的迦毗罗卫城（在今之尼泊尔南境），释迦族种，为该城城主净饭王的太子。二十九岁出家，三十五岁成道，成道后，被尊称为“释迦牟尼”，意思是“释迦族的圣人”。

过去七佛中的毗婆尸佛、尸弃佛、毗舍浮佛三佛及释迦牟尼佛的族系属于印度的刹帝利种姓，拘留孙佛、拘那含牟尼佛、迦叶佛三佛的族系则属于印度的婆罗门种姓。

敦煌壁画中的过去七佛像最早绘于西魏时期，以后隋、唐、五代等时期都有绘制。西魏第 285 窟中的七佛像绘于北壁上层（图 1），从东往西依次绘毗婆尸佛、尸弃佛（图 2）、毗舍浮佛、拘留孙佛（图 3）、拘那含牟尼佛、迦叶佛（图 4）、释迦牟尼佛等佛像。壁画上七佛一字横排，分别为一佛二胁侍菩萨的组合形式，唯西端为二佛并坐二胁侍菩萨的形式（图 5）。西端这幅图本应只有释迦牟尼佛的图像，可能因为壁面宽余，并与南壁的二佛并坐像对应，故这里以释迦牟尼、多宝二佛代替释迦牟尼佛。

图 5 西魏第 285 窟北壁 过去七佛中的第七佛 二佛并坐

燃灯佛为云童子授记

燃灯佛，又名然灯佛、普光佛、锭光佛、定光佛等。因为他出生时，天地一片光明，就像黑暗的世界点燃了明灯，所以叫燃灯佛。

燃灯佛也是过去佛之一，他是在过去世为释迦菩萨授记之佛，也是最后一位说释迦牟尼佛将要成佛的老师。

据佛经说，在过去无量劫中，释迦牟尼的前世云童子（又名儒童），正逢燃灯佛出世。有一天，云童子在路上行走，看见一位叫瞿夷的王家姑娘拿着一些青莲花，他就花了五百钱买来五枝，奉献给燃灯佛。又有一次，他看见燃灯佛弘法的一条路上有一滩污水，心想佛是赤足行走，这污水一定会弄脏了佛的双脚，就脱下自己身上穿的鹿皮衣服，铺在地上。但是这衣服不足以掩盖污泥浊水，于是又扑倒在地上，把自己的头发散铺在污水浊泥的地面上，让燃灯佛从他头发上走过去。

这时，燃灯佛就对云童子授记说："善男子，在九十一劫以后的来世，汝当作佛，号释迦牟尼。"

敦煌莫高窟五代第61窟屏风画佛传故事画中，绘有燃灯佛为云童子授记的故事。其中第3扇屏风画中有一个画面，绘云童子正将买来的数枝莲花奉献给燃灯佛（图6）。这扇屏风画下部的一个画面，绘云童子脱下鹿皮衣服铺在湿地上，请佛从衣服上踩踏过去（图7）。第4扇屏风画中的一个画面，左侧绘云童子跪在燃灯佛前面发愿，燃灯佛为云童子授记，告知他在来世当成佛，号释迦牟尼。右侧绘云童子得到燃灯佛授记后，身心轻便，不觉腾于虚空，合十向佛作礼（图8）。

另外，榆林窟回鹘

图6　五代第61窟南壁第3扇屏风画
云童子持莲花供养燃灯佛

图7　五代第61窟南壁第3扇屏风画
云童子将鹿皮衣铺在地上

图8　五代第61窟南壁第4扇屏风画
燃灯佛为云童子授记

图 9 榆林窟回鹘第 39 窟东壁门南 云童子布发

第 39 窟主室东壁门南北两侧各绘有一幅云童子布发图。佛站在莲花上，图中一侧绘云童子菩萨趴在地上，将长发铺散在泥地上，佛足踩踏在头发上（图 9、10）。

图 10　榆林窟回鹘第 39 窟东壁门南　云童子布发（局部）

释迦牟尼佛的前世

释迦牟尼佛的生涯分为前世和今生两大部分，相关的事迹，即佛本生故事和佛本行故事。其中的本行故事又称为佛传故事。

在佛教传播发展的过程中，本生故事占有非常重要的地位，相传描写释迦牟尼前世各种善行的故事有数百种。根据佛教因果报应、轮回转世的教义，释迦牟尼生前经历过无数次的善行转世，最后才成佛。

释迦牟尼在没有成佛之前有多次转生，他的前世曾经是普度众生的国王、太子、贤者、良士、商人、僧侣、善神、天人等，或是动物中的鹿王、猴王、狮王、象王等，其种种本生，均显示出积行善业、功德，不惜牺牲一切的精神。

敦煌壁画中现存各时期的本生故事画近 20 种，如北凉第 275 窟的月光王施头、尸毗王割肉贸鸽、毗楞竭梨王身钉千钉、快目王施眼；北魏第 254 窟的萨埵太子舍身饲虎，第 257 窟的九色鹿舍己救人；北周第 299 窟的睒子深山行孝、须阇提割肉奉亲、善事太子入海求珠；

图11 北魏第254窟南壁 舍身饲虎

隋代第419窟的须达拿太子本生，第302窟的婆罗门施身闻偈；中唐第112窟的金毛狮王不伤猎人；晚唐第85窟的设头罗健宁变鱼救灾民；五代第98窟的郁多罗求法献皮血；宋代第55窟的流水长者驮水救鱼等。

这些本生故事主要宣传积德行善，鼓励不惜牺牲一切的精神，故事曲折，情节生动，有强烈的感染力，对于佛教的发展具有重要意义。

如北魏第254窟南壁的《萨埵舍身饲虎》，故事说古印度某国有三个太子，最小的名叫萨埵。有一天，三人出游山林，见一母虎带数幼虎，饥渴交迫，行将死去。萨埵欲以生命救此饿虎，所以先让二兄返回，自己则横卧虎前，但饿虎无力啖食，萨埵又爬上山冈，以竹刺喉出血，投崖饲虎，饿虎舔血后啖食其肉。这个萨埵太子舍身饲虎的故事，是释迦牟尼以身说法，鼓励弟子们为了佛教事业要有献身精神，而要信众具有牺牲精神，则首先需要集团组织的创建者也具有牺牲精神（图11）。

又如北魏第257窟的《九色鹿本生》，故事说有一天，一个行人掉入河水中将被淹死，恰逢九色鹿从河边经过，救起溺水人。为感谢九色鹿救命之恩，溺水人跪地请求，愿做奴仆。九色鹿说："无须报恩，只是万万不可泄露之所在。"溺水人发誓遵其所言，然后离去。这天夜晚，此国的王后梦见美丽的九色鹿，便要求国王设法捕获九色鹿，剥其皮毛做裘衣，取其犄角做拂柄。于是，国王命人张榜悬赏：若有捕获九色鹿者，愿分国土财富一半作为赏赐。溺水者见利忘义，进宫告密，并领国王入山捕鹿。此时九色鹿正在山林中安睡，全然不知，惊醒时已被国王率领的围猎队伍包围，无法脱身。于是，九色鹿便毅然走到国王面前，向国王述说了自己曾经如何救了溺水者、溺水者如何发誓等情况，并感叹现在自己竟被此人出卖。国王听后，深为感动，立刻谴责溺水者的卑鄙行为，同时下令全国禁止捕捉九色鹿。最后，溺水者遭毒誓报应，全身长疮，暴病身亡；王后也因私欲未达到，又羞又恼，恚愤而死。

这幅壁画的构图为画面中央绘国王与九色鹿对话。画中的九色鹿与国王分站南北两侧，"王鹿对话"成为连接两组情节的交点，以揭露告密者、谴责叛徒为故事的高潮，应该说这是九色鹿故事的深层内涵，这种宣传有利于发展和巩固佛教组织（图12）。

又如北周第299、301、438、461窟出现的《睒子本生》，据佛经说，迦夷国有一对盲人夫妇有一儿子名睒子，睒子自幼便“至孝仁慈奉行十善”，睒子成年后随父母进深山修道，睒子“以蒲草为父母作屋施置床褥，不寒不热恒得其宜”，父母饥饿时，便去摘“取百种果蓏”，父母口渴时，便身“着鹿皮衣提瓶行取水”。但有一天，迦夷国王进山狩猎，正遇睒子披着鹿皮衣在溪边汲水，国王拔箭射鹿，误中睒子。睒子大呼：“谁持一毒箭射杀三道人？”睒子说自己身命虽然不足惜，只是死后留下衰老且双目失明的父母无人照顾，甚是放心不下。国王为此悔恨不已，要留在山中供

图 12　北魏第 257 窟西壁　九色鹿本生（局部）

养睒子的盲父母。睒子的至孝，国王的仁爱，感动了上天，让睒子重生，父母复明。这个睒子的故事表现了孝亲思想、忠君思想和仁爱思想，是与中国本土传统伦理思想吻合的故事画，有利于佛教在中国的传播、发展（图 13）。

其他如北凉第 275 窟的月光王施头、尸毗王割肉贸鸽、毗楞竭梨王身钉千钉等本生故事画，更是以血淋淋的画面展示了释迦牟尼前世不惜牺牲一切的大无畏精神，亦为宣传佛陀来世的传教说法打下了良好基础。

图 13　北周第 299 窟窟顶北披 睒子本生（局部）

释迦牟尼佛的今生

释迦牟尼佛的今生，与其前世相比，虽然少了一些血淋淋的如施头、割肉、挖眼等事迹，但增加了浓浓的人间烟火味，其所经历的一切都让人感觉到很熟悉，既感觉到佛陀的伟大、高尚，也感受到佛陀的亲和力。

敦煌壁画中绘制有不少介绍释迦牟尼一生事迹的故事画，这类故事画简称佛传故事画。

莫高窟现存各时期的佛传故事画计 37 幅，分布在 27 个洞窟之中。早期的佛传故事画多为单幅画面，如仅画乘象入胎、夜半逾城两个代表性场面。北周时期才出现完整的、连环画式的佛传故事画。如北周第 290 窟的佛传故事画长达 27.5 米，主要内容有：乘象入胎、树下诞生、仙人占相、太子读书、太子比武、掷珠定亲、太子迎亲、出城游观、夜半逾城、树下苦修等，共 80 多个画面，前后衔接，连通一气，是我国现存早期最完整的传记性连环画。五代宋时期，佛传故事画则以屏风形式出现，内容也有所增加。如五代第 61 窟南、北、西壁下方屏风画中共描绘了 130 多个场面，并在原有故事情节的前面增加了降怨王立城、云童子买花、燃灯佛授记、刹利王分田、茅草王学仙、甘蔗出童子等一些前世的故事，在原有故事情节的后面又增加了初转法轮、龙宫献偈文、布金造伽蓝、灵鹫山说法、双林入灭、百兽悲鸣、佛母下天、现身说法、均分舍利、分别造塔等内容。

相对而言，一些单幅画面所选择的内容都具有一定的典型性和代表性，可以说是最经典的佛传故事，同时这些单幅画面也是敦煌壁画中的经典画幅。

如北凉第 275 窟南壁所绘的佛传故事“出游四门”（图 14），据佛

图 14　北凉第 275 窟南壁 出游四门（局部）

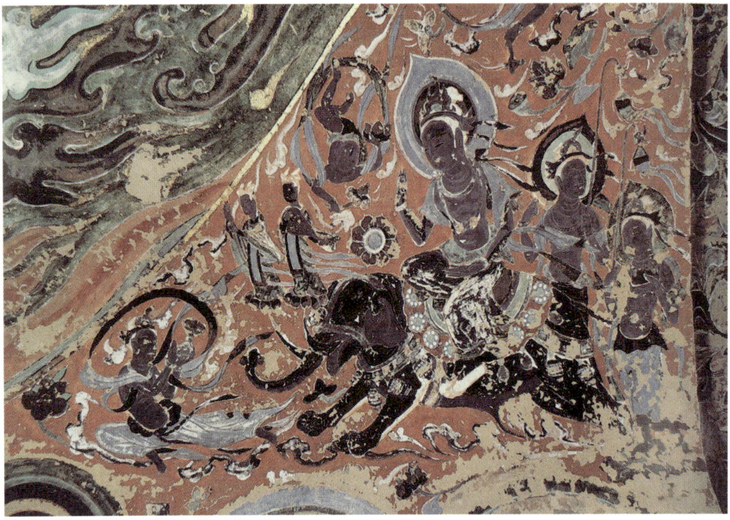

图 15 隋代第 397 窟西壁龛顶北侧 乘象入胎

图 16 隋代第 397 窟西壁龛顶南侧 夜半逾城

经记载，悉达多太子某日离宫出城东门时，遇见一位头白背驼、目光呆痴、形体羸弱、拄着拐杖一步一颤的老人，便感叹人生由婴儿、童子、少年，到青年、壮年、老年，好比一瞬间的梦境，令人悲伤厌惧。而又离宫出城南门时，遇见路边有一个病人，身瘦腹大，呼吸急促，手足如枯木，眼里流着泪水，口里不停地呻吟，便感叹人生随时都会有灾难疾病降临，甚是悲哀。后又离宫出城西门时，遇见一死人，由四人扶棺，用车拉着，棺木之后，举家大小，号哭送行，于是感叹人生犹如草木。最后，当太子出城北门时，遇见一位比丘，身穿袈裟，一手持钵，一手执锡杖，交谈以后，太子感悟到只有远离一切欲念、出家修行才能摆脱人间诸苦。"出游四门"这个故事的内容让每一个人都能联想自己的人生遭遇，环视自己周围的亲朋好友，感叹所遇、所见、所闻的一切，遥想自己和他人的未来，同时感念佛陀的慈悲。

特别是隋代第397窟等窟西壁龛顶两侧所绘制的乘象入胎、夜半逾城（图15、16），则暗示了释迦牟尼入世和出世，即生与再生的关系。关于"乘象入胎"，据佛经说，一天，摩耶夫人在睡觉时，梦见一位菩萨乘着一头白色的大象，从空中而来，又从她的右肋进入了腹部。这时，周围大放光明，普照天下，并有天人散花奏乐。夫人从梦中惊醒后，她就把这个奇特的梦讲给净饭王听，国王也很惊异，不知此梦是否吉祥，于是请来相师占梦。相师占卜说："此梦预示圣神已来府降胎，降生之时，必定会大放光明，同时有天神护持围绕。太子以后，在家当为转轮圣王，统帅四方天下，让释迦族光耀；出家学道则当为佛，度脱十方。"壁画中一般绘一菩萨乘白象而行，有的窟中又加画一汉式建筑，内有摩耶夫人右卧于床榻上。关于"夜半逾城"，据佛经说，太

图 17 北魏第 254 窟南壁 降魔变

子在出游四门后意欲出家。太子二十九岁那年的四月七日夜里，太子决心离世出家，急命马夫车匿为他备马，白马不忍太子离去，前后跳踏，不愿让太子接近，太子扶拍马背，口说颂偈，才得以上马。骑上白马，离宫而去。此时国中人均昏睡不醒，为了不使马蹄踏地时发出声响，天神托起马蹄，腾空而起。行至城门，在诸天的帮助下城门无声而开，太子乘犍陟马逾城而出，开始了漫长的苦行生活。

北魏第254窟南壁的《降魔变》也是敦煌壁画精品之一（图17）。“降魔”是佛传故事中的一个重要情节，讲述释迦牟尼在即将得道成佛之时，魔王波旬十分惊慌害怕，担心释迦牟尼成佛后，会阻止自己的行事，于是率领魔军前往释迦修行处骚扰，企图阻扰释迦牟尼成佛。先以美女诱惑，继之以武力威胁，均遭失败。最后，释迦牟尼以神通力使美女变成了老丑妇人，魔军亦被降服。魔众的惊慌丑态和失败，衬托了释迦牟尼的坚定镇静和胜利；喜剧性的画面，让观者即信众在幽默轻松的气氛中感受到佛法的威力，坚定对佛教的信仰，同时自然加强了以释迦为中心的佛教僧侣集团的凝聚力。

在这些佛传故事画中，尽管有一些神化的内容，其目的是尽量描绘释迦牟尼不同常人的超凡事迹，然后着重表现释迦牟尼不慕世荣、不重名位、坚持出家的行为，描绘释迦牟尼不仅自己大彻大悟，还教化众生，引度世人。借此培养佛教徒对佛祖崇敬思慕的宗教感情，引导僧众以释迦牟尼为榜样，出家修行，诚心求法。

佛传故事中，生活气息很浓，给人一种亲和感，给人的感觉是：释迦牟尼出生在人间，生长在人间，成佛亦在人间。

弥勒：给人们希望的未来佛

据佛经说，弥勒出生于古印度波罗奈国的一个婆罗门家庭，他的父亲名修梵摩，母亲名梵摩拔提。“弥勒”是梵文的译音，意译为“慈氏”，世称慈氏菩萨。

弥勒与释迦牟尼是同时代人，据说弥勒修行的历史还早于释迦牟尼！但他勇猛精进不如释迦牟尼。后来释迦牟尼成道了，他便前去听释迦牟尼说法，十分信服，认为其道才是真谛。于是，他便跟随释迦牟尼修道，由于勤学勤问，专心一致，在佛学上有了很高的造诣，深受释迦牟尼的器重。作为释迦牟尼的大弟子，弥勒接受了老师多方面的考察，最后被指定当释迦牟尼的接班人，即预言弥勒将在很多很多年出世成为未来佛。

弥勒被指定为释迦牟尼的接班人后，便先于释迦牟尼佛入灭，离开了人间，生于兜率天内院。因为他将到人间继释迦牟尼之后成佛，所以这时的弥勒称为“一生补处菩萨”。

据佛经说，兜率天上，有五百万亿天子，天子们以神力造作的宫殿，有七宝大师子座，高四由旬。宫殿四角有四宝柱，一一宝柱有百千楼阁。楼阁间有百千天女，色妙无比，手执乐器。其乐音中，弥勒菩萨在兜率天的内院弘法，教化天众。

敦煌壁画中绘制有不少《弥勒上生经变》，如隋代第 419 窟后部平顶《弥勒上生经变》，图中所绘兜率天宫为五间歇山顶殿堂，弥勒菩萨交脚端坐须弥座上，两侧侍立二菩萨、四天王，殿堂外侧起重楼，高

图 18　隋代第 419 窟后部平顶　弥勒上生经变

四层，内有诸天人作演奏乐器或合十供养状。大殿两侧分别画乘坐龙车的帝释天和乘坐凤车的帝释天妃，周围有飞天、人非人等簇拥随行，表示诸天神前往兜率天宫赴会（图 18）。

隋代第 417 窟后部平顶《弥勒上生经变》还描绘有弥勒授记的内容。画面中，弥勒菩萨裸上身，披巾，着裙，坐于束腰座上，伸手为一

图 19　隋代第 417 窟后部平顶 弥勒授记

信士摩顶授记；信士跪在其前，合十俯首，虔诚受记（图 19）。

据佛经说，弥勒在兜率天内院与诸天演说佛法，直到释迦牟尼佛灭度后五十六亿六千万年时，才从兜率天宫下生，来到人间。然后在华林园龙华树下修成正觉，继释迦牟尼之后而成佛，在龙华树下三会说法，化度九十六亿众生。所谓华林园，就是龙华树茂密成林的花园，所谓龙华树，就是枝如宝龙吐百宝华的树。又据说此树种于龙宫，所以称“龙华”。

还有一种说法：释迦牟尼佛的教法流传一万年以后，人间道德水准普遍提高，不再需要佛教的劝诫，佛教也因此而自行消亡了。这样又过了八百多万年，弥勒菩萨将由兜率天降到我们这个世界成佛，为众生带来幸福和安宁。因为这是将来的事，所以把弥勒称为“未来佛”。

据佛经说，在弥勒下生的世界里，风调雨顺，社会秩序稳定，人民丰衣足食；“种种树木，花果茂盛”“雨泽随时，谷稼滋茂，不生草秽，一种七获”“树上生衣”，有龙王“行于夜半，降微细雨，用淹尘土”；“时世安乐，无有怨贼劫窃之患；城邑聚落，无闭门者；亦无衰恼水火刀兵，及诸饥馑毒害之难。人常慈心，恭敬和顺”“人寿八万四千岁”“女人年五百岁，尔乃行嫁”“人命将终，自然行诣冢间而死”。

在各时期的敦煌壁画《弥勒经变》中，不仅描绘了阎浮提世界中的一种七收、树上生衣、老人入墓、女人五百岁出嫁等情节，还描绘了婆罗门拆毁楼阁、翅头城中罗刹鬼夜间扫地，以及儴佉王以七宝台献佛、儴佉王率王妃、太子、大臣、宫女剃度出家等情节。这些画面的形象都非常生动，具有浓郁的人间生活气息，同时也反映了当时的民俗民情。

如榆林窟中唐第 25 窟《弥勒经变》中“一种七收”的画面，扬场的画面中，一个头梳半翻髻、身穿窄袖衫和束腰长裙、双手拿一长柄扫帚的农妇与一个头裹幞头、身穿缺胯衫、双手持耙的农夫正在打场，场地上空谷粒飞扬（图 20）。

如晚唐第 12 窟《弥勒经变》“婚礼图”中，一顶帐幕内，有宾客对坐宴饮；帐前铺一地毯，新郎和新娘在上面行礼。只见新郎匍匐于地叩首跪拜，而新娘则站在一旁只是微微欠身作揖而已（图 21）。这种“男拜女不拜”拜堂行礼的方式，显示了当时妇女的较高地位。

如榆林窟中唐第 25 窟北壁《弥勒经变》的画面中，一座巍峨的宫城上方，龙王在云朵间正准备施雨；城门外一夜叉跪在佛陀面前，脚旁放着一长长的扫帚；城墙下一夜叉正在用长长的扫帚扫地（图 22）。

敦煌壁画在反映民俗风情的同时，还反映了当时社会的农业生产

图 20　榆林窟中唐第 25 窟北壁弥勒经变·一种七收

图 21 晚唐第 12 窟南壁　弥勒经变 · 婚礼图

技术。如宋代第 454 窟窟顶东披《弥勒经变》“一种七收”的画面中，描绘一个农民用三脚耧进行播种的情景：种子盛在耧斗中，耧斗与空心的耧脚相通，边行边摇，种子落下，形象生动（图 23）。

这些描绘《弥勒经变》的画面，反映了当时人们的美好愿望，是人们对未来理想世界的憧憬。

未来佛弥勒给人以希望，给人以鼓舞，给人以力量，因为未来能给人以丰富的想象空间。

图 22　榆林窟中唐第 25 窟北壁
弥勒经变 · 夜叉扫地

图 23　宋代第 454 窟窟顶东披
弥勒经变 · 一种七收 · 三脚耧

阿弥陀佛和西方极乐世界

阿弥陀佛，又作阿弥多佛、阿弥多婆等，意译无量光、无量寿等。阿弥陀佛代表光明无量，寿命无量。他是西方极乐世界的教主，与观世音菩萨、大势至菩萨合称为“西方三圣”。

关于阿弥陀佛成道的因缘。据佛经说，过去久远劫世自在王佛住世时，有一国王发无上道心，舍王位出家，名为法藏比丘，在世自在王佛处修行，熟知诸佛之净土，历经五劫之思虑而发殊胜之四十八愿。此后，不断积聚功德，愿行圆满，成阿弥陀佛，然后又到西方极乐净土说法。因他能接引念佛人往生“西方净土”，所以又称为“接引佛”。

据佛经说，西方极乐世界是一个庄严、清净、平等之世界，此世界人民皆是七宝池中莲花化生，是皆具金刚那罗延身的无漏大阿罗汉。因为此世界的民众皆是“诸上善人”，人们没有任何苦痛，只有幸福快乐，故名“极乐”，是人们最为理想的美好世界。

据敦煌文献《佛说阿弥陀经讲经文》说，在这极乐世界里，“无有刀兵，无有奴婢，无有欺屈，无有饥馑”。在这里，人民不再“纳谷纳麦，纳酒纳布”，并且“衣服饮食，花香璎珞，缯盖幢幡，微妙音声，所居舍宅宫殿楼阁，称其形色，高下大小，或一宝二宝，乃至无量众宝，随意所欲，应念即至”，各种物质利益，应有尽有。另外，在其用金、银、琉璃、砗磲、玛瑙、珊瑚、琥珀等材料所建的七宝池中，有一种功德水，不仅具有清凉、甘美、润泽、解饥等功能，并且在这池中沐浴时，“意欲令水没足，水即没足；欲令至膝，即至于膝；欲令至腰，水即至腰；欲令至颈，水即至颈；欲令灌身，自然灌身；欲令还复，水辄还复；调和冷暖，自然随意”。

敦煌壁画中，对于西方极乐世界有许多生动形象的描绘，如初唐第220窟《西方净土变》中，阿弥陀佛居中坐在莲花座上，观世音、大势至二大菩萨分坐在两侧，另外许多大小不一的菩萨或合掌，或捧花。画面中部是绿波浩渺的七宝池，池中盛开各色莲花，七宝池中有许多童子，有的在莲花中合掌端坐，有的在水中嬉戏。宝池上方彩云缭绕，化佛腾空，飞天起舞，天花乱坠；宝池下方有两名舞伎在小圆毯上翩然起舞，其两侧还各有一乐队正在演奏各种乐器，一派歌舞升平的欢乐景象！（图24）

那么，如何才能往生西方极乐世界呢？据佛经说，主要有两种方法：《阿弥陀经》(《小无量寿经》)中说，只要一心称念阿弥陀佛的名号，死后可往生该净土世界。《观无量寿佛经》中说，通过三福、十六观就可以往生西方净土。

图 24 初唐第 220 窟南壁 西方净土变

图 25 盛唐第 45 窟北壁东侧 未生怨（局部）

《观无量寿佛经》的内容，是叙述王舍城内阿阇世太子，听信提婆达多的恶言，将其父亲频婆娑罗王幽闭于七重室内，欲令饿死；后来又将母亲幽闭于深宫，不令出外。这时母亲韦提希忧愁憔悴，遥礼耆阇崛山向佛祈祷，佛和目犍连、阿难现身于王宫内，韦提希欲往生阿弥陀佛极乐世界，佛即在宫内为她宣说三福、十六观的往生法门。韦提希闻佛说后，欢喜悟解，得无生忍。

此中所说的三福、十六观，即是往生净土的修行方法。三福是：1.世福（孝亲、敬师、戒杀、修十善业），2.戒福（受持三皈、众戒并护威仪），3.行福（发菩提心、深信因果、诵大乘经并劝他行）。这三种福业，是往生净土的基本条件。十六观是：1.日想观，2.水想观，3.地想观，4.宝树观，5.宝池观，6.宝楼观，7.华座观，8.像观，9.真身观，10.观音观，11.势至观，12.普观，13.杂想观，14.上辈生想观，15.中辈生想观，16.下辈生想观。通过观想修行可以往生西方净土。

敦煌莫高窟盛唐第45、171、172窟等洞窟中，都有根据《观无量寿佛经》描绘阿阇世王子追杀自己母后的画面，即著名的因果报应故事“未生怨”。如盛唐第45窟北壁东侧所绘“未生怨”，由下而上分为四段，第一段画阿阇世太子问守门人父王的情况，被告知王后身涂蜜、面，用璎珞盛浆，往幽闭处私探国王；第二段画阿阇世太子手持利剑欲杀母后（图25）；第三段画王后韦提希夫人被幽囚，向佛遥拜，于是佛前来现身说法；第四段画佛嘱咐阿难告诉韦提希如何修行。该窟北壁西侧所绘的“十六观”，则描绘韦提希夫人如何按照释迦牟尼佛指导的十六种方法进行观想修行（图 26）。

图 26　盛唐第 45 窟北壁西侧　十六观（局部）

药师佛与东方净琉璃世界

药师佛，全称为“药师琉璃光如来”，又称药师琉璃光王佛、大医王佛、消灾延寿药师佛等，为东方净琉璃世界之教主。因帮助人们消灾延寿、能除生死之病，故名药师。以琉璃为名，乃取琉璃之光明透彻以喻其国土清净无染。

据佛经说，东方净琉璃世界，是药师琉璃光如来以无上愿力形成的净土。那里没有女人，没有五浊，没有爱欲，没有恶道及苦难之声；以琉璃为地面，房屋建筑是由七宝做成的。在这个世界中，有日光菩萨和月光菩萨辅助药师佛教化众生，为此将药师佛和日光菩萨、月光菩萨合称“东方三圣”。

据说，如果有人身患重病，死衰相现，此人临命终时，昼夜尽心供养礼拜药师佛，读诵《药师如来本愿功德经》四十九遍，燃四十九灯，挂四十九天之五色彩幡，其人得以延续生命。

药师佛在过去世行菩萨道时，曾发十二大愿，救众生之病源，治

图 27　宋代第 76 窟北壁　因病横死

无明之痼疾，除“九横死”之厄难。

药师佛所发的十二大愿是：1.愿我来世得阿耨多罗三藐三菩提时，自身光明炽然，照耀无量无数无边世界。2.愿我来世得菩提时，身如琉璃，内外明彻，净无瑕秽，光明广大，开晓众生。3.使众生皆得无尽所受用物，莫令众生有所乏少。4.使众生安住菩提道中，皆以大乘而安立之。5.使众生修行梵行，具三聚戒。6.使丑陋顽愚、

盲聋喑哑、挛躄背偻、白癞癫狂，有种种病苦、诸根不具者，皆得端正黠慧，诸根完具，无诸疾苦。7.使无救无归、无医无药、无亲无家、贫穷多苦者，众病悉除，身心安乐。8.若有女人，为女百恶之所逼恼，极生厌离，愿舍女身，皆得转女成男，证得无上菩提。9.使众生解脱一切天魔外道缠缚，修习诸菩萨行，证无上正等菩提。10.使众生解脱王法刑戮、牢狱、凌辱，脱离一切忧苦。11.使众生免除饥渴所恼，得饮食饱足其身。12.使贫无衣服者得种种上妙衣服。

所谓“九横死”之厄难，即死于非命：1.得病无医。2.王法诛戮。3.非人夺精气，即耽荒乐而身不慎，鬼怪乘隙夺其精气。4.火焚。5.水溺。6.恶兽啖。7.堕崖。8.毒药咒咀，即中毒药或被诅咒。9.饥渴所困。

佛经中所列举的九种横死，在敦煌壁画中有生动形象的描绘，如宋代第76窟北壁所绘的“九横死”中，画面中一病人躺卧在床上，一女子身着上襦下裙，站在床头，双手合十，一男子戴幞头，穿袍服，坐在床尾，亦双手合十；二人或在祈祷，或在作咒，或在念经。画面通过巫医治病的情景来表现“得病无医”（图27）。又，中唐第231窟北壁所绘“九横死”中，一人正在火团中挣扎，其上方有一猛兽正追赶一人，表现的是“火焚”和“恶兽啖”。又，中唐第154窟西壁龛内所绘“堕崖”的情景中，画面下方绘堕山崖之人，其上方绘雷神在云中挥舞雷鼓，表示下面的人正遭雷击（图28）。宋代第76窟的画面中绘一戴幞头者与一外道坐在地毯上，中间放一药包，戴幞头者左手平置胸前，右手作摇摆状，表示不为所惑；旁有一人站立双手合十；画面榜题为“八者不为毒药所中死”（图29）。又，敦煌藏经

图28 中唐第154窟西壁龛内 横堕山崖

图 29 宋代第 76 窟北壁 不为毒药死

洞绢画中所绘“九横死”，画面上方绘一人头戴幞头，身穿红袍，足蹬乌靴，正被两只猛虎追赶；下方绘一人正从山崖往下飘坠，画面榜题为“六者横为种种恶兽所啖”和“七者横堕山崖”（图30）。

敦煌壁画中所绘制的“九横死”，生动形象地反映了当时人们在现实生活中可能遭遇的厄难，也反映了药师信仰之所以在广大民众中流行的根源。

图30 藏经洞绢画 横堕山崖

卢舍那佛与三界六道

卢舍那佛是佛陀的法身像或报身像。小乘佛教认为，佛是由其形体和道德品质相结合的，父母生育的形体是生身，道德品质是法身。大乘佛教认为，佛有三身，体证真理的是佛的法身，叫毗卢遮那佛；修行圆满、大彻大悟、体证智慧是佛的报身，是卢舍那佛；教化众生的是佛的应身，是释迦牟尼佛。佛教各宗派对卢舍那佛的解释有所不同，或认为是佛的法身，或认为是佛的报身。

佛教所说的法身是与生身相对而言的，据说，当释迦牟尼佛的生身涅槃之后，众弟子深感无所依护，内心非常恐惧。为了解决这个信仰危机，就由释迦牟尼佛的大弟子迦叶召集众弟子在王舍城开会，结集释迦牟尼生前所讲的经法和戒律。所谓法，就是这些经法和戒律的概括，即佛教的三宝“佛、法、僧”中的“法宝”，而体证并包容“法”的佛身便是法身。

敦煌壁画中所绘制的卢舍那佛是佛的法身像。据《华严经》说，卢舍那佛法身可以包容法界中的三界六道、万事万物。

如北周第428窟南壁的卢舍那佛像，其法衣上描绘的“三界六道”法界图，胸部中央画须弥山，山顶画天宫、坐佛、飞天，山前画双手高举日月而坐的阿修罗王，表示天界。胸部下方画山川、房屋、人物、农耕、牛马、禽兽、饿鬼等，表示人间。法衣下摆上画赤身裸体、狂奔悲号的恶人鬼怪，表示地狱。从横向上分为天上、人间、地狱三界。在三界中又细分为六道，天上两道：阿修罗头顶上的天宫、坐佛、飞天代表天道，阿修罗代表非天道（也叫阿修罗道，他是天界好斗的恶神）；人间三道：阿修罗下方的山川、房屋、人物代表人道，下方山林中的牛马、禽兽代表畜生道，禽兽旁侧的半裸体人物代表饿鬼道；法衣下摆上画的裸体恶鬼代表地狱道（图31）。

图31 北周第428窟南壁 卢舍那佛

卢舍那佛法身的法衣，体现了《华严经》的“佛陀即法界”“佛身充满诸法界，普观一切众生前”的思想。

也有画得较为简单的，如晚唐第12窟东壁《报恩经变》的卢舍那佛：身穿红色袈裟，胸绘日月，示意身放光明普照大千世界。腹部绘三

图 32 晚唐第 12 窟东壁 卢舍那佛

足炉，即古代刑具“斧锯鼎镬”。鼎镬中有物，应当是股骨头。旁有一人身牛头鬼，左手举斧头，右手持锯子切割镬中之物。显然，此卢舍那佛法衣上主要画的是地狱道（图 32）。据佛经说，众生受卢舍那佛光明照耀，可以免除种种苦难，所以此画仅绘地狱道，可能是洞窟施主借此为先祖亡灵祈福免受地狱之苦。

由此可见，尽管当时的人们对于什么是“法身”，什么是“报身”“应身”，他们可能不懂，但是对于所谓的“天上”“人间”“地狱”，还是有所理解的——虽然佛教宣传的“天界”“地狱”是虚幻的。另外，对于“六道”中的“人道”“畜生道”“饿鬼道”“地狱道”也是有所理解的，至少要考虑人死后会不会轮回为猪狗牛马等畜生或饿鬼。因此，人们之所以信仰卢舍那佛，很可能和佛教的轮回思想“三界六道”有关，即对死亡的恐惧，对未来的恐惧。

佛教的轮回理论破除了“人固有一死”“人死不能复生”等世俗社会根深蒂固的死亡观念和经验逻辑，它对人类世界的构成方式和生存方式重新作了新颖的划分和大胆的预设。人的生与死的生命过程不再是线性的、暂时的、不可逆转的，而是永无停止的、循环的，就像车轮不停地旋转。轮回，用宗教的复活精神回避了死亡的必然性，帮助人们从畏死情绪中解脱出来，使人们心安理得地去迎接能够再生的死亡。

人类社会在精神上需要想象性地构造一个死后再生的世界，而宗教在这方面具有特别的优势和不可忽视的力量，因此轮回思想对于人生来说，实际上具有非常重要的现实意义。

或许，这便是人们之所以信仰卢舍那佛，和为什么敦煌壁画中绘制有不少卢舍那佛画像的原因。

从五十三佛到三世三劫三千佛

三世者，即过去、现在、未来。过去佛，为燃灯佛（或迦叶佛）；现在佛，为释迦牟尼佛；未来佛，为弥勒佛。

不过，在过去、现在、未来三世中，并不仅只有这几身佛，也不仅只有毗婆尸佛、尸弃佛、毗舍浮佛等过去七佛以及阿弥陀佛、药师佛。据佛经说，在过去、现在、未来三世中，分别同时还有大量的数以千计的佛，即三世三劫千佛。

关于“三世三劫千佛”，据《佛说观药王药上二菩萨经》中记载，有一次，释迦牟尼佛对众人说：我曾经在过去时无数劫时，在妙光佛末法之时出家学道，听说了五十三佛的名号后，心生欢喜，于是又教其他人听闻称颂，他人又辗转相教，乃至三千人。此三千人异口同声，称诸佛名一心敬礼。如此这样敬礼诸佛而不断积累的功德，便得到超越脱离了无数亿劫生死之罪。最初的一千人，华光佛为首，下至毗舍浮佛，于庄严劫中成为佛，过去千佛是也。其次的一千人，拘留孙佛为首，下至楼至佛，于贤劫中成为佛。后面的一千佛人，日光如来为首，下至须弥相佛，于星宿劫中当得成佛。所谓“三世三劫千佛”，即过去庄严劫千佛、现在贤劫千佛、未来星宿劫千佛。

五十三佛的名号为：锭光、光远、月光、栴檀香、善山王、须弥天冠、须弥等曜、月色、正念、离垢、无著、龙天、夜光、安明顶、不动地、琉璃妙华、琉璃金色、金藏、焰光、焰根、地动、月像、日音、解脱华、庄严光明、海觉神通、水光、大香、离尘垢、舍厌意、宝焰、妙顶、勇立、功德持慧、蔽日月光、日月琉璃光、无上琉璃光、最上首、菩提华、月明、日光、华色王、水月光、除痴瞑、度盖行、净信、善宿、威神、法慧、鸾音、师子音、龙音、处世。

这五十三佛的名号，看起来虽然很普通、单调，另外三世三劫千佛也是每位佛都有名号，但都是当时人们对世界的认识和美好愿望的一种真实反映。

从五十三佛到三世三劫千佛，告诉人们世界上不仅只有释迦牟尼佛，释迦牟尼佛并非前无古人、后无来者。释迦牟尼佛之前有过去七佛、过去庄严劫千佛，之前还有五十三佛；释迦牟尼佛涅槃后，还有弥勒佛，还有未来星宿劫千佛；与释迦牟尼同时代的，还有阿弥陀佛、药师佛，还有现在贤劫千佛。

千佛，蕴含着众生平等和民主思想；千佛，即众生皆有佛性，人人都能成佛。

因为千佛给广大民众以希望，所以千佛信仰得到广泛的传播和认同。如敦煌莫高窟的几百个洞窟中，绝大多数窟内都画有千佛图像（图 33），千佛在敦煌石窟艺术题材中占有很大的比重，莫高窟也因此

图33 北魏第263窟东壁 千佛

图 34　北魏第 254 窟北壁　千佛

被人们称作千佛洞。

如北魏第 254 窟中绘有 1235 身千佛像，这些千佛像都有榜题书写其名号。从其名号可以看到绘制的便是三世三劫千佛（图 34）。这些小小的千佛像都画得非常细腻，其形象一般为佛头有肉髻，均结跏趺坐于莲花座，或结禅定印，或施无畏印，上方有华盖，旁侧有榜题（图 35）。

据佛经说，“闻是三世三劫诸佛世尊名号，欢喜信乐持讽读诵而不诽谤，或能书写为他人说，或能画作立佛形象，或能供养香花伎乐，叹佛功德至心作礼者”，即通过抄写称颂礼敬千佛名号等三世三劫千佛信仰的方式来解脱诸苦，累积功德。

莫高窟第 254 窟等洞窟所绘制的千佛画，便是上述几种信仰方式的综合体：榜题有“书写为他人说”的功用，具体画面便是“画作立佛形象”的体现，至于“读诵”“供养”及“至心作礼”，则是由绕塔观象、供养礼拜的僧侣和信众来实现的。

据佛经说，持此功德，可以和六道一切众生往生西方净土世界，寿命无量。

图 35 榆林窟五代第 16 窟窟顶南披 千佛

众生皆有佛性

信仰千佛，不仅能解脱诸苦，累积功德，往生西方净土世界，同时还有可能成佛，因为众生皆有佛性。

据佛经说，众生，又译作“有情”，系指人类、诸天、饿鬼、畜生、阿修罗等有情识之生物。佛，是觉悟的意思。一切众生皆有觉悟之性，名为佛性。因此佛性又作如来性、觉性，实际上指成佛的可能性。

成佛的可能性，给广大民众带来希望。同时，希望促进了人们对佛教的信仰和发展。敦煌莫高窟的开创和发展，也证明了这一点。

据史料记载，前秦建元二年（366年），有位叫乐僔的和尚 ，手持禅杖，西游来到敦煌。一日黄昏时刻，太阳快要沉落在茫茫戈壁之中，乐僔此时身处三危山与鸣沙山之间的大泉河畔，他面对眼前的潺潺流水，似乎正想发一番人生感叹：“逝者如斯乎！”蓦一抬头，只见对面三危山上一派金光耀眼，霞光万道，闪烁的光芒中，仿佛有千万身佛像向他显现……

图 36 西魏第 285 窟南壁 五百强盗成佛（东侧）

乐僔顿时被三危山的奇异佛光所感悟。他清楚地看到三危山金光中，显示的不是“天上地下，唯我独尊”的一身佛像，而是代表过去、现在、未来三世三劫千佛的千万身佛像；他清醒地感悟到，并非只有释迦牟尼才是佛，而是“众生皆有佛性”，人人皆能成佛。

乐僔想：太子、国王能成佛，我这个游方和尚也能成佛，不仅我这个和尚能成佛，所有的平民老百姓，不管男女老幼都可能成佛。善哉，善哉！我要成佛！我要帮助一般老百姓也成佛！

相信众生皆有佛性，相信人人都能成佛，这就是由三危佛光撞击出的乐僔灵光。乐僔获此灵感，立即在身后的鸣沙山崖壁上，“架空凿岩，造窟一龛”。

虽然关于乐僔开凿的洞窟究竟是哪一个，目前尚难以确定。其实，乐僔所开凿的第一个洞窟是否还在，并不重要，重要的是乐僔所感悟的“众生皆有佛性”的思想已经为广大民众所接受，在莫高窟尚存的几百个洞窟中，随处可见历代绘制的大量反映众生皆有佛性的千佛图像，同时莫高窟又俗称“千佛洞”，可见“众生皆有佛性”的观念早已

图 37 西魏第 285 窟南壁 五百强盗成佛（西侧）

深入敦煌民众心中了。

另外，莫高窟西魏第 285 窟南壁的《五百强盗成佛图》，这个宣传“众生皆有佛性”的故事，给人们的印象深刻，影响很大。

据佛经讲，印度古代摩伽陀国边境上有五百个结为一伙的强盗，拦路抢劫，枉杀无辜，断绝了与他国的道路。国王派遣大军围剿，强盗战败被俘后，受到割鼻、挖眼等酷刑，然后放逐山林。盲贼在山林中，悲哀恸哭，其声音传到佛祖说法处。佛祖怜悯，大发慈悲，以神通力，吹雪山之药使盲贼双眼复明，并现身说法；终使五百强盗放下屠刀，皈依佛门，剃度出家，隐居山林，参禅入定，最后成佛。

画面从东往西，以横卷连环画的形式展开故事情节。用官兵征战、强盗被俘、国王审讯、施以酷刑、放逐深山、香药医眼、佛祖说法、出家修行等八个场面，首尾俱全地描述了整个故事，以由动到静的描述手法，很好地表现了故事中强调的“放下屠刀，立地成佛”和“众生皆有佛性”思想（图 36、37）。

自利利他的菩萨

菩萨，菩提萨埵之略称。意译为大觉有情、道众生、觉有情等，意思是“求道求大觉之人”。菩提，是觉、智、道之意；萨埵，是众生、有情之意。

菩萨，即指以智上求无上菩提，以悲下化众生，修诸波罗蜜行，于未来成就佛果之修行者。亦即自利利他二行圆满、勇猛求菩提者。

菩萨的境界，是大慈大悲，大喜大舍，度众生出生死苦海。

敦煌佛教艺术中菩萨形象主要有文殊、普贤、观世音、大势至、地藏、弥勒、维摩诘、日光、月光等有名号的菩萨，以及大量没有名号的胁侍菩萨、听法菩萨、供养菩萨、引路菩萨等。

文殊菩萨五台山化现老人

文殊菩萨是中国佛教的四大菩萨之一，是释迦牟尼佛的左胁侍。

文殊，全称文殊师利，意译为妙德或妙吉祥。在佛教诸菩萨中，无论智慧还是辩才都是第一，专门职掌智德、证德，象征般若。般若即佛的智慧，因此有“大智文殊”的美名。

据说，文殊菩萨出生在古印度舍卫国的一个婆罗门家庭。说是他一出生落地，就能开口讲话，当时家里出现了十种祥瑞：1.天降甘露；2.地涌七珍；3.仓变金粟；4.庭生莲花；5.光明满室；6.鸡生凤子；7.马产祥麟；8.牛生白犊；9.猪诞龙豚；10.六牙象现。

有佛经说，文殊菩萨曾经是释迦牟尼佛的“过去本师”，“过去无数诸佛皆文殊弟子”。因为文殊菩萨是诸佛之师，是十方诸佛的老师，释迦牟尼佛要求众人好好地向文殊菩萨学习。

文殊信仰展现了大乘佛教为了普度众生而推行的菩萨行，初期的大乘佛教，文殊是最有影响的菩萨之一。文殊信仰随着大乘佛教在中国的传播，特别是《华严经》的流传，到唐代达到了顶峰，特别是文殊化现老人的故事，使五台山作为文殊菩萨的道场更加闻名，香火更旺。

据说，唐朝时，北印度罽宾国人佛陀波利听说文殊菩萨在清凉山说法，就长途跋涉，经过千山万水，希望能参见文殊菩萨。

仪凤元年（676 年）他抵达五台山，放眼看去，但见林木参天，遍地名花异草，仰头五峰在望，心中感到欣慰，于是五体投地，向着空中朝拜说："我从遥远千里而来，特地前来瞻仰参礼，恳乞大士大慈大悲，使我得见您的圣容，听到您亲口的慈示！"

他一面虔诚礼拜，一面情不自禁地哭泣起来。这时，忽然看到一个老人，从山谷中走出，却用婆罗门语对他说："你说的心存至道，远访圣迹，可知汉地众生，多造罪孽，出家人犯戒律的多得很，现在印度有一部《佛顶尊胜陀罗尼经》，能够消灭众生很重的罪孽污垢，你带来了吗？"

佛陀波利恭敬地答道："我只是一心要来礼拜文殊大士，并没有带这部经来啊！"

老人于是又说："既然未曾带此经典来，空着手来有什么益处？纵然见到了大士，大士怎么能知道你是那样的恭敬虔诚？你应当赶快回去，把我说的这部经典带来，让它在中土流传，利益济度众多苦恼众生。到那时，自然会见到文殊菩萨的。"

波利听完这一番话，欣喜异常，频频行礼。只一抬头的工夫，老人忽然不见了踪影。于是他悲喜交集，认定是神人指路，决心重回印度，求取《佛顶尊胜陀罗尼经》。

他历经千辛万苦，长途跋涉，回到印度取到真经，又经千山万水，

图 1 五代第 61 窟西壁 五台山图 · 文殊化老人

于永淳二年（683 年），回到中土长安，当朝皇上知道此事，就派了高僧日照三藏法师和波利合译这部经典。经译好后，佛陀波利留下译本，带着梵文原本，去参拜五台山。

佛陀波利进了五台山金刚窟以后，就见到极大的一个光环内，正端坐着庄严的文殊大士。这时波利喜出望外。可是环顾身边，只有自己一人，回头看到同行的一些同道们都在外头，所以想再度出来招呼他们一同入窟朝圣，可是就在这一转眼间，圣境却消失了。随后，波利就在山岩附近找了一个清净之处，坐禅入定。

佛陀波利参拜文殊菩萨的故事，吸引了更多的人前往五台山巡礼，文殊信仰也得到更为广泛的传播，《佛顶尊胜陀罗尼经》也因此而风行一时。

敦煌莫高窟五代第 61 窟西壁《五台山图》中描绘了这个故事（图 1、2），画面中绘一西域僧人模样的人，身背斗笠，脚蹬麻靴，绑腿，风尘仆仆的样子，双手合十向一位身着白色披风的老人询问。旁边有题记："佛陀波利从罽宾国来，寻台峰，遂见文殊菩萨化老人身，路问其由。"另外，榆林窟五代第 19 窟西壁门南《文殊变》中也描绘了这个故事（图 3）。

图 2　五代第 61 窟西壁　五台山图·文殊化老人

图 3　榆林窟五代第 19 窟西壁　文殊变·文殊化老人

大愿大行的普贤菩萨

普贤菩萨，又称“三曼多跋陀罗”，也叫“遍吉菩萨”，即普遍贤善的意思。在佛教中专门职掌理德、行德，有“大行普贤”的美名。

普贤菩萨也是中国佛教的四大菩萨之一。文殊和普贤分别为释迦佛的左右胁侍，文殊表“智”，普贤表“德”，文殊菩萨显智、慧、证，普贤菩萨显理、定、行，共诠本尊释迦佛理智、定慧、行证之完美圆满，因此文殊和普贤共为一切菩萨之上首。

据佛经说，当阿弥陀佛为转轮王时，普贤菩萨是第八王子，叫“泯图”。他在宝藏佛面前发誓，要在像婆娑世界一样不清净的国土上，修菩萨行救度众生，还要修治庄严十千不净世界，使其庄严清净。同时他还要教化无量的菩萨，令他们心地清净，都能一心向大乘佛法，使这些菩萨都去化度他所在的国土世界。于是宝藏佛将他的名字改为“普贤”，即普遍贤善的意思。

普贤菩萨曾在华严大法会中，宣说十大行愿：一者礼敬诸佛，二者称赞如来，三者广修供养，四者忏悔业障，五者随喜功德，六者请转法轮，七者请佛住世，八者常随佛学，九者恒顺众生，十者普皆回向。诵持普贤菩萨的这十大愿，现在仍然是中国一般佛教寺院的常课。

佛经中有一个故事，说释迦牟尼佛在说法时，有一位叫普眼的菩萨站起来问世尊："普贤菩萨现在在哪里？"佛告诉他，普贤就在这个会场上，和他们在一起。但是普眼和其他众菩萨找遍会场，都没有看见普贤菩萨在哪儿。这时佛就对他们说，普贤菩萨已经获得了无上的智慧，有无上的神通，他有十种如来力，能以法界藏身，所以你们看不见他。众菩萨听了，一个个对普贤菩萨心生仰慕。佛又对他们说，你们要想象普贤就在眼前，并发誓与普贤有同样的心愿，才能见到他。最后，普贤菩萨为众菩萨显现了"色身"，只见普贤就在眼前，"于此一切菩萨众中坐莲花座"。这个故事旨在说明，普贤菩萨是一位在大乘佛教中具有其他菩萨无法相比的特殊地位的大菩萨。

《华严经·菩萨住处品》中记载普贤菩萨的住地说："西南方有处名光明山，从昔以来，诸菩萨众于中止住。现有菩萨名曰贤胜（普贤），与其眷属3000人，常在其中而演说法。"经文中说的"光明山"就是峨眉山。

据《峨眉山志》记载：东汉明帝永平六年（63年）"六月一日，有蒲公者，采药于云窝，见一鹿歆迹如莲花，异之，追之绝顶无踪"。因问在山上结茅修行的宝掌和尚，和尚说是普贤菩萨"依本愿而现像于峨眉山"。蒲公归家后即舍宅为寺，于是峨眉山就发展成普贤菩萨的道场。

敦煌壁画中绘制有不少普贤菩萨的画像，如榆林窟西夏第3窟的《普贤变》（图4），绘于窟门南侧，画面上部山峰层峦叠嶂，山环水绕，

图4　榆林窟西夏第3窟门南　普贤变

图5 榆林窟西夏第3窟门南 普贤变（部分）

奇峰突兀，壁立千仞，可能描绘的是普贤菩萨的道场——峨眉山。画面中部白云翻滚，云头上普贤菩萨头戴宝冠，手执梵夹，坐在六牙白象背上的莲座上。后面跟着的象奴正双手紧握缰绳用力拉拽着白象，周围梵天、菩萨、罗汉、天王等护从簇拥着，一同行进在云雾之中（图5）。

又如藏经洞出土的绢画中，有一幅中盛唐时期的普贤菩萨骑象的彩色绢幡，画面中普贤菩萨头戴三珠冠，双手指相捻结印，端坐在六牙白象背上的莲座上，安详静谧（图6）。

普贤菩萨广修十种行愿，是大乘菩萨行的大愿大行的代表，象征着中国大乘佛教的精神。

图6　藏经洞出土绢画　普贤菩萨像幡

救苦救难的观世音菩萨

观世音菩萨，又名观自在、观音等。他是四大菩萨之一，也是西方净土世界教主阿弥陀佛座下的上首菩萨，与大势至菩萨，组成“西方三圣”。随着《法华经·观世音菩萨普门品》的广泛传播，观世音菩萨在中国具有最广泛的信仰。

关于观世音菩萨的来历，佛教中说法各异。其中有一个故事，说观世音菩萨原来是妙庄严王的女儿，名字叫妙英。父亲为她早早就安排了婚事，但她不愿意出嫁，于是逃婚到荒山野岭，搭了个草屋专心修行。后来，她听说父亲病了，为了治好父亲的病，不惜割下自己臂膀上的肉，挖出自己的眼睛作为药引子，使妙庄严王病愈。妙英的一片孝心感动了佛祖，于是帮助她修成了无上的菩提。这个故事显然是为了适应中国人的需求而编撰的。

观世音菩萨之所以在中国最受人崇拜，主要是他具有帮助众生脱离各种厄难的能力。《法华经·观世音菩萨普门品》中说：“若有无量百千万亿众生受诸苦恼，闻是观世音菩萨，一心称名，观世音菩萨即时观其音声，皆得解脱。”也就是说，当人们遭遇到各种困厄灾难时，只要信奉观世音菩萨。诵念观世音菩萨的名号，这时候菩萨就会“观其音声”，前来解救，帮助遇难之人立刻得到解脱，这也是观世音菩萨名号的来历。

观世音菩萨在众生遭遇大难时，应声前往，救诸苦难。经文中说：“若有持是观世音菩萨名者，设入大火，火不能烧，由是菩萨威神力故；若为大水所漂，称其名号，即得浅处；若有百千万亿众生，为求金、银、琉璃、砗磲、玛瑙、珊瑚、琥珀、真珠等宝，入于大海，假使黑风吹其船舫，漂堕罗刹鬼国，其中若有乃至一人，称观世音菩萨名者，是诸人等，皆得解脱罗刹之难。以是因缘，名观世音。若复有人，临当被害，称观世音菩萨名者，彼所执刀杖，寻段段坏，而得解脱。若三千大千国土，满中夜叉、罗刹，欲来恼人，闻其称观世音菩萨名者，是诸恶鬼，尚不能以恶眼视之，况复加害；设复有人，若有罪、若无罪，杻械枷锁，检系其身，称观世音菩萨名者，皆悉断坏，即得解脱；若三千大千国土，满中怨贼，有一商主，将诸商人，赍持重宝，经过险路，其中一人，作是唱言：‘诸善男子，勿得恐怖，汝等应当一心称观世音菩萨名号，是菩萨能以无畏施于众生，汝等若称名者，于此怨贼，当得解脱。’众商人闻，具发声言：‘南无观世音菩萨。’称其名故，即得解脱。”

敦煌壁画中对观世音菩萨救诸苦难有非常生动形象的描绘，如隋代第 303 窟是最早绘制《观世音菩萨普门品》的洞窟，其中详细描绘了一心诵念观世音菩萨名号后，“脱火难”“脱水难”“脱罗刹难”“脱刀杖难”“脱恶鬼难”“脱囚难”“脱贼难”等情节（图 7—11）。

图7 隋代第303窟东披 脱火难、脱水难

图8 隋代第303窟东披 脱罗刹难

图9隋代第303窟东披 脱刀杖难、脱恶鬼难

图10 隋代第303窟东披 脱囚难

图11 隋代第303窟东披 脱贼难

大慈大悲，满足众生一切愿望

观世音，即观听世间百姓之声音，满足世间百姓之各种需求，所以观世音信仰在中国拥有最为广泛的信众。

众所周知，儒家传统观念认为“不孝有三，无后为大”，佛教中的观音信仰之所以在中国受到普遍欢迎，与人们的求子心理需要有关。敦煌壁画中便反映了这类信仰，如盛唐第45窟南壁《观音经变》中，绘一戴幞头、穿圆领窄袖袍服的男子，双手合十，虔诚祈祷，身后立一男童（图12），其侧又绘一穿上襦下裙披帔子的妇女，身后立一女童（图13）。这两幅图就是根据佛经中“若有女人，设欲求男，礼拜供养

图12 盛唐第45窟南壁 求男得男

图13 盛唐第45窟南壁 求女得女

图 14　盛唐第 45 窟南壁　离淫欲

图 15　盛唐第 45 窟南壁　离嗔恚

观世音菩萨，便生福德智慧之男；设欲求女，便生端正有相之女”的内容所绘制。

人们认为对于一些欲望也应该克制，这也是一种需求。即佛经所说：“若有众生多于淫欲，常念恭敬观世音菩萨，便得离欲；若多嗔恚，常念恭敬观世音菩萨，便得离嗔；若多愚痴，常念恭敬观世音菩萨，便得离痴。”敦煌壁画中也有许多富有生活气息的形象描绘，如盛唐第 45 窟南壁的“离淫欲”画面中，绘一青年男子手捧笏板，正躬身向一女子求爱。女子绿衣红裙，侧面而立，目视男子（图 14）。“离嗔恚”的画面中，绘一白衣人面向一绿衣人，满脸怒气，双手握拳；绿衣人脸露畏惧，作躲闪状；后面一人恭敬合十，口念观世音名号（图 15）。“离愚痴”的画面中，绘一人敞胸露怀，双腿岔开，一脸傻气；另一人双膝跪地，双手合十，口念观世音名号（图 16）。

观世音菩萨能够应地应时变化三十三身，根据不同人的修行情况

图 16　盛唐第 45 窟南壁　离愚痴

满足各种愿望，为不同的人显现不同之身为其说法。对于应以佛身得度者，观世音菩萨就现佛身而为说法；对于应以辟支佛身得度者，就现辟支佛身而为说法；应以声闻身、梵王身、帝释身、自在天身、大自在天、天大将军身、毗沙门身、小王身、长者身、居士身、宰官身、婆罗门身、比丘身、比丘尼身、优婆塞身、优婆夷身、妇女身、童男身、童女身、天身、龙身、夜叉身、乾闼婆身、阿修罗身、迦楼罗身、紧那罗身、摩睺罗伽身、人身、非人身、执金刚神身等得度者，观世音菩萨即现相应之身而为说法，满足各阶层人士的不同愿望。敦煌壁画中对观世音的三十三应化身也有具体形象的描绘（图 17、18）。

据佛经说，观世音菩萨为了满足一切众生的各种需要，于是长出千手千眼。“千”并非确指一千，而是以千喻多。千手，表示法力无边；千眼，表示智慧无穷。由于众生的苦难和烦恼形形色色，众生的愿望和需求各式各样，因此观世音菩萨的“一千宝臂，各执宝物”。

图 17　盛唐第 45 窟南壁
现天大将军身

图 18　盛唐第 45 窟南壁
现婆罗门身

如榆林窟西夏第 3 窟中所绘制的《千手千眼观音经变》，其观音手上持的宝物不仅具体、形象，并且几乎包含了当时社会生活方方面面，既有动物、植物，也有宝物宝器，还有兵器、乐器、量具，甚至还有生产工具、交通工具等，如鸡、狗、鸭、鹅、牛、龙、象、麒麟，棉花、芭蕉、葡萄、瓜果、荷叶、树木，珍珠、玛瑙、珊瑚、金银，矛、盾、剑、刀、弓箭、金刚杵、锡杖，扇、伞、旗、拂尘、瓶，筝、笙、排箫、箜篌、琵琶、腰鼓、拨浪鼓、拍板，墨斗、曲尺、斗，锯、钉耙、锄头、镰刀，车、船、楼阁、宫殿、庙宇、佛塔等。最有意思的是还有工农商艺诸行业活动的场面，如踏碓图、犁耕图、酿酒图、煅铁图、商旅图、舞蹈图等，三教九流，五花八门，包罗万象（图 19）。

图 19　榆林窟西夏第 3 窟东壁南侧　千手千眼观音经变

地藏菩萨：地狱未空，誓不成佛

地藏菩萨，地，“住处”之意；藏，“含藏”之意。佛教中说，地藏菩萨曾经受释迦牟尼佛的嘱咐，在释迦牟尼佛圆寂后，至弥勒菩萨未成佛的无佛时代，发誓要度尽六道众生，拯救众生脱离诸种苦难烦恼，“众生度尽，方证菩提。地狱未空，誓不成佛”。唐玄奘译《地藏十轮经》说他“安忍不动犹如大地，静虑深密犹如秘藏”，所以叫作“地藏”。

据说，地藏菩萨的前生，曾经是一个小国的国王。他和邻国的国王是好朋友，当时两国的人民多造众恶而不修善行，于是两国国王商量，广设方便，救济他们。一个国王发愿早证佛道，然后度脱芸芸众生；另一个国王发愿先度世间罪苦众生，使他们得到安乐，甚至达到菩提，然后自己再成佛。发愿早证佛道的国王，就是后来的一切智成就如来，已成佛；另一个国王就是后来的地藏菩萨。

地藏菩萨与其他菩萨相比，虽然也有利益现世一面，如代众生受苦，祛除疾病，满足众生需求等，但更多的是维系六道，连结生死，是为超度亡灵的罪障而解脱六道轮回苦厄的菩萨。为了超度亡魂，解救坠落地狱的亡者，人们祈祷地藏菩萨给予救济帮助，使亡者得以解脱。似乎生者将亡者托付给地藏菩萨后，可以减轻生者的不安和烦恼，得到安宁和慰藉。这样，地藏菩萨就以连结生死两界而赢得世人的普遍信仰。

据佛经说，信仰者如果在自己所在的“清洁之地。以土石竹木作其龛室”，在龛室内“塑画乃至金银铜铁，作地藏形像，烧香供养瞻礼赞叹”，就可以获得十种利益，“一者土地丰壤，二者家宅永安，三者先亡升天，四者现存益寿，五者所求遂意，六者无水火灾，七者虚耗辟除，八者杜绝恶梦，九者出入神护，十者多遇圣因”。这十种利益与广大众生的现实生活休戚相关，是民众普遍关心的人生问题，也是地藏菩萨利益现世的一面。

利益未来，人们对死亡及死后世界的极度恐惧，特别是对六道轮回特别是地狱中的阴森恐怖和可能遭受的各种苦难煎熬，备感忧虑恐惧，但是只要人们虔诚供养地藏菩萨，“造地藏菩萨像，写地藏菩萨经，及念地藏菩萨名”，此人定得往生西方极乐世界，从一佛国至一佛国，从一天堂至一天堂。而且，“此人舍命之日，地藏菩萨亲自来迎，常得与地藏菩萨共同一处，闻佛所说，皆大欢喜”，这样就消除了人们对死后世界的恐惧心情，使生死前后的利益巧妙地结合在一起了。

据佛经说，地藏菩萨不仅具有解脱众生六道轮回之苦的职能，而且还有执掌地狱审判的职能，“一恐阎罗王断罪不凭，二者恐文案交错，三者未合死，四者受罪了出地狱池边”，在地狱中具有主持和监察的作用，进而创造出地府十王各具司命，协助地藏菩萨办案。

图 20 藏经洞出土绢画 地藏十王图 法国吉美博物馆藏 17794 号

敦煌壁画中所绘制的“六道轮回图”“地狱变”和藏经洞出土绢画“地藏十王图”等画面中，生动形象地描绘了地藏菩萨在地狱中主持审判的场景和亡者在地狱中受苦受难的一些情景（图20—23）。

图21 藏经洞出土P.2003写卷 地藏十王图（局部）

图22 藏经洞出土P.2870写卷 地藏十王图（局部）

图23 藏经洞出土P.2003写卷 地藏十王图（局部）

地藏菩萨的前世今生

据说，地藏菩萨在过去无量劫前，曾是一个婆罗门女，她的母亲不信三宝而行邪道，死后堕入地狱。婆罗门女知道母亲的必然果报，就变卖家产为母布施修福。她非常挂念操心母亲的处境，在极度忧愁之时，婆罗门女受到一个声音指点，让她一心称念觉华定自在王如来名号。于是婆罗门女至诚恭敬一心念佛，不久便以念佛的力量，来到地狱，向鬼王询问母亲状况。鬼王告知，因为她布施供养和念佛的功德，亡母和其他地狱罪人，已脱离地狱苦而投生天道了。婆罗门女便在佛像前立下誓愿，要度脱一切罪苦的众生。

另外，在过去无量劫前，地藏菩萨曾经又是名叫光目的孝女。光目女的母亲生前喜欢吃鱼子、海鲜，造了极多的杀生业。光目女知道母亲死后会堕落到恶道中，于是请阿罗汉入定观看，见母亲果然在地狱中受极大苦。光目女一心念佛，造佛像虔诚恭敬供养。后来其母投生光目女家，为奴婢之子，出生未满三天竟能说话，哭泣告知：自己蒙光目救度投生为下贱人，而在十三岁将短命而终，并再受苦报，原因是杀害和毁骂二业。于是光目立誓要解救未来一切罪苦众生，而光目之母因此也终得脱离苦海。

据说，地藏菩萨是来自新罗的一个比丘。说是在唐代时期，新罗国的王子金乔觉二十四岁的时候，突然厌倦了尘世生活，毅然抛弃了家庭，带着一条白犬剃度出家。金乔觉出家后名地藏比丘。这时，中国佛教吸引了日韩等国不少僧人来华求法，地藏比丘也带着白犬航海来华。

地藏比丘在中国各地云游数年后，来到安徽的九华山，然后在此深山找了个地方结庐苦修，过着渴饮涧水，饥食白土的生活，且常被毒虫伤螫。

深山苦修的地藏比丘，若干年后被山下一个叫诸葛节的长者和友人游山时发现。他们看见一个和尚闭目静坐在石洞中，破锅残米粒中渗有白土，生活异常清苦。后来，他们在攀谈之中才得知是新罗的王子远来中国求法。诸葛节长者等人非常感动，并认为山上有菩萨修道，却没有人供养，是山下人的过错，于是发心倡议为地藏在此地修建庙宇。

九华山主姓闵，家财甚富。建寺必请闵公布施山地，闵公也非常敬仰地藏比丘，问他要多少地，地藏答道："一袈裟所覆盖地足矣。"

据载，地藏显神通力，袈裟一披，盖尽九个山峰，于是闵公便将整个九华山全部布施供养。闵公为地藏护法，其子也随地藏比丘出家，法名道明，为地藏的侍者。现在所见的地藏菩萨像，两旁有一老者及少年比丘，即闵公父子（图 24）。

寺院建成后，前来这里烧香朝拜的善男信女很多，寺僧也逐渐增多。作为住持的地藏比丘为了解决寺僧的衣食，带着众僧开荒种地，

图 24　藏经洞出土五代绢画　地藏菩萨像

自给自足，一直活到九十九岁才坐化圆寂。

三年以后，人们发现地藏比丘的肉身不坏，面色如生前，僧众看见他此时的面貌犹似佛经中所说的地藏菩萨，因此认为地藏比丘实为地藏菩萨的化身，是地藏菩萨来中国的应化，又因他出身王子，所以又称之为地藏王菩萨。于是，九华山即成为地藏菩萨应化的道场，成为中国佛教四大名山之一。

敦煌藏经洞出土文献S.3092《还魂记》中有关于地藏菩萨真容的描述，文中说襄州开元寺沙门道明游历冥府时，遇到地藏菩萨，只见他“目比清莲，面如满月，宝莲承足，璎珞庄严。锡振金环，衲裁云水”。地藏菩萨问道明是否认识自己，道明回答不认识，地藏菩萨就告诉道明：“汝熟视之，吾是地藏也，彼处形容与此不同。”指出世间所传的形象有误，叫道明仔细观看自己的形象，回到阳间后，图画真容，“传之于世”。道明，即九华山闵公之子。道明和尚作为目睹地藏菩萨真容的重要见证，也就将地藏菩萨与九华山的关系更紧密地结合在一起了。甘肃学政叶昌炽曾收受敦煌县令汪宗翰送来的不少敦煌藏经洞文物，其中有一幅五代时期的地藏菩萨画像，画面中除了绘地藏菩萨外，还画有道明和尚等人的形象（图25）。

图25 叶昌炽旧藏 五代 地藏菩萨像

倡导念佛的大势至菩萨

大势至菩萨，又称大精进菩萨。据《悲华经》说，过去有个转轮圣王，大太子是观世音菩萨，二太子是大势至菩萨，三太子是文殊菩萨，八太子是普贤菩萨。后来转轮圣王修行成佛，即西方极乐世界阿弥陀佛，观世音和大势至就成为转轮圣王父亲的左右胁侍。

据《观无量寿经》说，大势至菩萨以独特的智慧之光遍照世间众生，使众生能解脱血光刀兵之灾，得无上之力。因此，大势至菩萨被认为是光明智慧第一，所到之处天地震动，保护众生，免受邪魔所害。佛经又说，大势至菩萨行走时，十方世界一切地都被震动，所以被称作大势至。

大势至菩萨是西方净土世界教主阿弥陀佛的右胁侍，观世音菩萨是阿弥陀佛的左胁侍，三人合称为“西方三圣”。观音菩萨代表慈悲，大势至菩萨代表喜舍。

虽然大势至和观世音都是阿弥陀佛的胁侍，但大势至菩萨的地位

比观世音菩萨的地位要低一些，大势至菩萨在极乐世界里，是第二递补佛位的菩萨。即当阿弥陀佛入灭后，由观世音菩萨补其位；观世音菩萨入灭后，则由大势至菩萨补其位成佛，号善住珍宝山王如来。

大势至菩萨在中国民间信仰中的影响要远逊于观世音菩萨。大势至菩萨几乎没有单独供奉的。据佛经记载，大势至的天冠中有五百宝花，每一宝花又有五百宝台，每一宝台皆现十方诸佛之净妙国土相；顶上之肉髻如钵头摩花，肉髻中安置一宝瓶。大势至菩萨的形象与观世音菩萨大同小异，二者的主要区别是：大势至菩萨头上的宝冠有宝瓶为标志，而观音菩萨头上的宝冠则以一小化佛为标志。作为阿弥陀来迎时的随侍，观音菩萨手拿金莲台，大势至菩萨则合掌。

据说，大势至菩萨头顶上的宝瓶内存智慧光，让智慧之光普照世界一切众生，使众生解脱血光刀兵之灾，得无上之菩提之力。

据说，大势至菩萨为净土宗初祖，他提倡专修念佛法门，一句阿弥陀佛念到底，从初发心一直到成佛不改变，成佛之后还是念阿弥陀佛，在十方世界广度众生也是用这一句阿弥陀佛。以念佛心，入无生忍，求生净土。用念佛的方法，可以达到圆通的境界。从这一点来说，大势至菩萨对于佛教在中国的广泛传播，具有不可忽视的作用。

大势至菩萨的道场在江苏省南通市南郊的狼山。狼山峻拔挺秀，南临长江，山水相依，风光秀丽，有“天然水石盆景”之誉。狼山作为

图 26　盛唐第 217 窟西壁南侧　大势至菩萨

大势至菩萨的道场，名列中国佛教“八小名山”之首。

敦煌壁画中所绘制的大势至菩萨，一般都是和观世音菩萨成对出现在主尊阿弥陀佛或西壁佛龛的两侧。如盛唐第217窟西壁北侧画观世音菩萨，南侧画大势至菩萨，画面中大势至菩萨头戴宝瓶冠，身穿锦绣僧祇支，披巾长垂，白裙曳地，双手合于腹前，凝神站立（图26）。也有和其他菩萨绘制在一起的，如晚唐第196窟南壁下方，以屏风画形式绘菩萨一排，东起第一身菩萨，作侧面像，榜题为“南无大势至菩萨”，该大势至菩萨肌肤洁白，左手托莲花，右手持巾带，黑色长裙上有红色晕染的画法，脚踏两朵莲花，似徐徐前进的动态（图27）。

图27 晚唐第196窟南壁下部 大势至菩萨

居家入俗的维摩诘菩萨

维摩诘，又名“毗摩罗诘”，略称“维摩”，意译为“净名”“无垢称”，意思是以洁净、没有染污而著称的人。据说，梵文里“维”是“没有”之意，“摩”是“脏”之意，即为无垢。另外，净者，清净无垢之意；名者，名声远布之意，所以叫“净名”。

维摩诘是早期佛教的著名居士、在家菩萨。据佛经说，维摩诘本来是妙喜国的一位菩萨，并且曾经成佛，名金粟如来。释迦牟尼佛在世时，维摩诘化生来到古印度的毗耶离城，以一位在家的居士身份，辅助释迦牟尼佛教化民众。

维摩诘当时是毗耶离城中的一名富商长者，家有万贯，拥有大片的庄园田地，娇妻美妾，奴婢成群。他有一双儿女，子名善思童子，女名月上女，皆具宿世善根。一家四口，平日以佛法自娱。据说，善思童子还在襁褓中时，就能与佛及诸大弟子问答妙义。

维摩诘居士在家时，虔诚修行，能够处相而不住相，对境而不生境。他不仅辩才无碍，慈悲方便，积极参加城里的各项世俗活动，因此受到城市居民们的爱戴。

维摩诘在毗耶离城时，为了方便教化众生，他上自军政，下至酒肆，广泛地参与了社会生活。后来他患病，国王、大臣、长者、居士、婆罗门等都来问疾。维摩诘于是现身说法，向问疾者讲说佛法。

佛经中说维摩诘“入诸酒肆，能立其志”，敦煌壁画中便据此描绘了不少维摩诘在酒店中与酒客们共同饮酒作乐的情景。如五代第 61 窟东壁《维摩诘经变》中，绘一酒店内有七位酒客坐在长长的酒案两侧正在对饮作乐，其中有二人打拍板、吹笛而歌。酒店外，有一头戴幞头、穿襕衫者正扬袖起舞，为饮者助兴。旁侧维摩诘头戴软帽手执羽扇，面向外侧，似乎表示不屑一顾。另外旁侧有三位僧人则聚精会神观看舞者（图 28）。

佛经中说维摩诘“若至博弈戏处，辄以度人”，敦煌壁画中便据此描绘了维摩诘参与赌博的场景。如莫高窟宋代第 454 窟东壁《维摩诘经变》中，绘一矮桌上布棋盘，矮桌两侧各坐一人，均以右手正欲布子，显示双方正在激烈鏖战；画面右侧绘维摩居士旁观（图 29）。

佛经中说维摩诘“入诸学堂，诱开童蒙”，初唐第 220 窟东壁《维摩诘经变》中，绘一学堂，一位老师双手捧书卷，坐在炕上，前面维摩诘左手挥麈尾，右手举起，正在与老师激烈辩论。另外学堂里坐着四个学生，手捧书卷，其中两个学生专心读书，另两个学生在看老师与维摩诘辩论。

佛经中说维摩诘“入诸淫舍，示欲之过”，晚唐第 9 窟北壁《维摩诘经变》绘有一妓院，绘有几个花枝招展的女子或迎客，或陪酒，而有

图 28 五代第 61 窟东壁 维摩诘经变·酒店

图 29 宋代第 454 窟东壁 维摩诘经变·弈棋

几个男人或进院，或围桌喝酒（图 30）。

又如五代第 61 窟东壁《维摩诘经变》中，绘一座陵园，两位男子合十，并列立于陵园之中，这是表现佛经中所说的“是身如丘井，为老

图 30 晚唐第 9 窟北壁 维摩诘经变

所逼”。陵园墙外画一口井，即“丘井”。丘井，生死的意思。这是象征人生难免一死。

第 61 窟《维摩诘经变》中有一个画面，绘有一轮红日，红日中有三足鸟。旁侧祥云上有身穿短裤的两人，手舞足蹈。云下跪着一人，裸上身。红日下部站着维摩诘。这是表现佛经中所说的“是身如梦，为虚妄见”“是身如浮云，须臾变灭”。

正是这样一个居家入俗而又脱俗的维摩诘居士，一直都是中国文人引以为荣的榜样、楷模、偶像。魏晋时期，诗人谢灵运，生前要求死后将自己美须“施为南海祇洹寺维摩诘须”。到了唐代，诗人李白自诩为维摩诘转世；杜甫则把自己比作东晋清谈名士许询，渴望和名僧支遁一起探讨《维摩诘经》；王维更是干脆，名维，字摩诘。

“辩才无碍，游戏神通”的维摩诘

维摩诘虽在俗尘，但是他德道行非常高。据说他有两大本事：一是“善于智度”，二是“通达方便”。意思是说他不仅精通大乘佛教哲理，并且“辩才无碍，游戏神通”，能够随心所欲地运用大乘佛教的理论，运用自如地为世间中的每一件事情进行解释和辩护。释迦牟尼佛手下的大菩萨、大弟子都不如他，不敢和他辩论佛理。

据佛经说，有一次，维摩诘称病在家，释迦牟尼佛知道他是诈病，是想借此和前来探病的人辩论佛法，以弘扬大乘佛教思想。于是，佛陀就准备派他的弟子和菩萨前往维摩诘处探病，而弟子、菩萨们都纷纷诉说以前被维摩诘嘲讽、戏弄的种种往事，都不愿意去。

最后，佛陀只好派“智慧第一”的文殊菩萨担任这个任务。这时，当时在场的所有菩萨、弟子和天人们听说文殊菩萨要去问疾，心想，“智慧第一”的文殊遇上“辩才无碍”的维摩诘，必有一场精彩的辩论可看，于是众人都跟着文殊一同前往毗耶离城。

文殊率领众人来到维摩诘居士的住处，这时维摩诘早已知道他们要来，于是运用神通力将室内桌椅板凳全部移走，只留下一张床，装出生病的样子躺在上面。文殊问候维摩病情，维摩诘则说："从痴有爱，则我病生。以一切众生病，是故我病；若一切众生病灭，则我病灭。"

舍利弗看见室内空无一物，连坐处也没有，正在疑惑之时，维摩诘知其心意，就问文殊菩萨哪一佛国的椅子最好，文殊回答说是须弥相世界须弥灯王佛的最好。维摩诘闻言，便立即运用神通将那里借来三万二千个狮子座让众人坐下。莫高窟盛唐第103窟的《维摩诘经变》中，绘许多须弥宝座从天空飘下来，便是描绘维摩诘在舍利弗面前展现神通力，即"借座灯王"的故事。

文殊和维摩诘两位菩萨互斗机锋，反复论说佛法，义理深奥，妙语连珠，使同去探访的菩萨、罗汉们都听呆了。当两人辨析"云何观于众生"乃至"从无住本，立一切法"时，维摩诘用神通让室内出现天女散花，花飘到菩萨身上，随即下落，但飘到舍利弗等弟子身上，却扯不下来。佛弟子舍利弗使用神力竭力想抖落身上的鲜花，花都牢牢地粘在他身上不落。天女便问舍利弗："你为何要抖掉身上的鲜花呢？"舍利弗回答："鲜花粘在身上不合佛门仪律。"天女说："不能这么说。花岂有心落与不落？那是你心里产生了分别落与不落的想法。你看菩萨身上不粘花，就是因为菩萨断除了一切分别之想。"天女以此嘲弄佛弟子尚未解脱俗世红尘。

随后，天女在和舍利弗的对辩过程中，又戏弄舍利弗，"以神通力"，把舍利弗变成天女，天女自己变成了舍利弗，借此证实众生如幻，男女实无定相等大乘佛理（图31、32）。舍利弗是佛弟子中"智慧

图31　初唐第203窟西壁龛外南侧　维摩诘帐前的天女

图32　初唐第203窟西壁龛外北侧　文殊帐前的舍利弗

第一”，然而却被维摩诘居士室内的一个小小天女所戏弄。

“不二法门”是《维摩诘经》的主旨，也是这场辩论的焦点。维摩诘向文殊及众菩萨提问：“云何菩萨入不二法门？”德守等三十位菩萨都各抒己见，维摩诘不置可否。于是请文殊表示看法，文殊说：“如我意者，于一切法，无言无说，无示无识，离诸问答，是为入不二法门。”同时文殊菩萨左手伸出二指，反问维摩诘：“何等是菩萨入不二法门？”而维摩诘默然不言。文殊于是认输说：“善哉！善哉！乃至无有文字语言，是真入不二法门。”文殊伸出的二指，就是表示“不二法门”（图 33）。

文殊与维摩诘的辩论，持续时间很久，天色已晚。舍利弗肚饥，于是心想：日时欲至，此诸菩萨当于何食？维摩诘知其意，便使“神通力”让化菩萨到香积佛世界取回一钵“香饭”，至文殊、维摩诘之间，倾钵倒饭，瞬间堆积如山，众人闻到饭的香味均立刻感到饱满适意（图 34）。这是维摩诘在文殊等人面前展现的神通力。

维摩诘的辩才和神通力，让文殊和众菩萨、佛弟子心服口服。他的这个形象，实际上反映了一批乐观自信、潇洒随意的大唐帝国文人士大夫的精神面貌。从敦煌壁画的描绘中也可以看到，如莫高窟盛唐第 103 窟东壁门南所绘的“维摩示疾”，画面中维摩诘手握羽扇坐于胡床上，探身向前，扬眉启唇，目光炯炯有神，倾身凭几，滔滔雄辩，显示出非常的乐观自信（图 35）。

图 33　盛唐第 103 窟东壁　文殊

图 34 中唐第 231 窟东壁门北 倾倒香饭

图 35 盛唐第 103 窟东壁门南 维摩示疾

分工明确、各司其职的敦煌菩萨

敦煌石窟中，几乎所有的洞窟内都有菩萨的彩塑或壁画，其数量可能多以万计。

这些菩萨像中，除了人们熟悉的文殊菩萨、普贤菩萨、观音菩萨、地藏菩萨、大势至菩萨和维摩诘菩萨外，还有不少虽然有名号但人们不是很熟悉的菩萨。如壁画榜题中的菩萨除了有文殊、普贤、观世音等人外，还有日光、月光、常精进、不休息、大力、越三界、金刚藏、如意轮、自在王、消灾息灾、普光照、妙吉祥、不虚行、法自在、无尽意等几十位菩萨。

另外数以万计的菩萨都没有名号，他们默默无闻，然而，他们都在敦煌艺术中扮演了非常重要的、不可缺少的重要角色。

敦煌艺术中的菩萨，从其职能来看，大体可以分为四类：胁侍菩萨、听法菩萨、供养菩萨、引路菩萨。

胁侍菩萨，是修行层次最高的菩萨，其修行觉悟仅次于佛陀。在

图 36　隋代第 304 窟西壁　佛、弟子和两侧的胁侍菩萨

没有成佛前，常在佛陀身边，协助佛陀弘扬佛法，教化众生。一般而言，大千世界上方三世之中有无数的佛，一方佛土就有一佛教化众生，而每一位佛身旁都有两位或几位胁侍菩萨。释迦牟尼佛的左右胁侍是文殊菩萨和普贤菩萨，阿弥陀佛的左右胁侍是观世菩萨和大势至菩萨，药师佛的左右胁侍是日光菩萨和月光菩萨。另外，常常也有不少没有名号的胁侍菩萨侍立在佛的两侧（图 36）。

文殊、普贤、观音等菩萨既是胁侍菩萨，同时他们和弥勒、地藏一样，也常常单独传道，弘扬佛法，教化众生，因此这时候也可以把他们与弥勒、地藏等菩萨都谓之传道菩萨或弘法菩萨。

听法菩萨，在释迦牟尼佛或阿弥陀佛、药师佛、弥勒佛等佛举办法会、讲经说法时，这时候便有众多的菩萨前来听法。如莫高窟中唐第158窟东壁《金光明经变》，绘释迦牟尼佛在王舍城鹫峰山顶为众人讲《金光明经》时，前来赴会的菩萨有“百千万亿人”，“如是等声闻菩萨人天大众……各各至心合掌恭敬，瞻仰尊容……欲闻殊胜妙法。”众菩萨云集在佛陀两侧，虔诚恭敬聆听佛陀说法（图37）。又如五代第98窟北壁《思益梵天问经变》，绘释迦牟尼借思益梵天诸大菩萨问法，解难和阐释大乘教义。佛陀坐在正中大殿内，殿前两侧是众多的听法菩萨（图38）。

供养菩萨，以各种方式供养佛陀或佛法的菩萨。供养的方式可分为三种：1.利供养（财供养），即香花、香火、灯明、饮食、资财的供养。2.敬供养（法供养），即礼敬、朝拜、赞美、歌颂的供养。3.行

图37 中唐第158窟东壁 金光明经变

图 38 五代第 98 窟北壁 思益梵天问经变

图 39 北魏第 248 窟人字披 供养菩萨

供养（观行供养），即敬奉三宝，受持戒律，修行善法的供养。为此，敦煌壁画中描绘的供养菩萨非常多，形式也多种多样。或持花，或捧盘，或敬香，或合十，或歌舞，等等。如北魏第 248 窟人字披中的一排菩萨，站在莲台上，双手于胸前捧着长长的莲花枝茎微微向上举作供养状（图 39）。隋末唐初第 244 窟西壁一身菩萨胡跪，双手捧莲花火焰珠作供养状（图 40）。初唐第 401 窟北壁的一身菩萨，站在莲台上，一手托玻璃钵，一手拈鲜花，正向佛陀作供养状（图 41）。

图 40 隋末唐初第 244 窟西壁 供养菩萨

图 41 初唐第 401 窟北壁 供养菩萨

引路菩萨，据佛经说，如信徒一心想往生西方极乐净土，观世音、大势至两位菩萨会和阿弥陀佛一起前来迎接，此时的引路菩萨就是观世音和大势至。另外，东方药师净土中，也有八位接引菩萨，他们也会和药师佛一起接引药师信仰者往生东方净土。敦煌藏经洞出土绢画中有不少引路菩萨图，如英国

图 42 藏经洞出土绢画 引路菩萨
英国博物馆藏第 46 号

图 43 藏经洞出土绢画 引路菩萨
法国吉美博物馆藏第 1765 号

博物馆藏第 46 号《引路菩萨》，绘紫云霓雾中，一位具有女性美的引路菩萨，头戴化佛宝冠，右手持长杆幡担在肩头，左手持一柄香炉，脚踏莲朵，乘云而行。其后有一身穿华丽大袖襦衣的贵妇（亡灵），虚空踏云跟随（图 42）。又如法国吉美博物馆藏第 1765 号《引路菩萨》，绘引路菩萨头戴花蔓冠，略侧身后视，左手持一香炉，右手持龙首长幡杆靠在肩头，脚踏宝莲，乘云而行。一位童子双手持伞盖在菩萨前面引导，一位身穿白色长袍、满脸胡须的男子（亡灵），双手合掌紧随在菩萨身后，足下流云飘动。画面左上方榜题“女弟子康氏奉为亡夫薛诠，画引路菩萨壹尊一心供养”（图 43）。

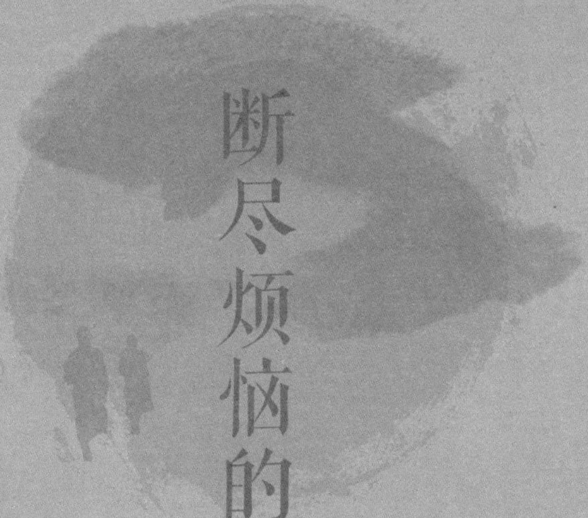

断尽烦恼的弟子

弟子，音译室洒，意译为所教。即从师受教者。佛陀在世时之声闻等，乃至佛陀入灭后之比丘、比丘尼、优婆塞、优婆夷等，皆称为佛弟子。

敦煌石窟艺术中的弟子，一般主要指佛陀的十大弟子。十大弟子与佛陀最为亲近，常侍奉佛陀的生活起居，都是听闻佛陀声教而证悟之出家弟子，亦即闻佛说四谛法之音声而悟道的人，因此又名声闻。以能断尽烦恼、追求自我解脱为修行目的。

佛陀的十大弟子各有其特长，舍利弗智慧第一、目犍连神通第一、摩诃迦叶头陀第一、阿那律天眼第一、须菩提解空第一、富楼那说法第一、迦旃延论义第一、优婆离持律第一、罗睺罗密行第一、阿难陀多闻第一。另外，须跋陀罗是佛陀的关门弟子。

“智慧第一”的舍利弗

舍利弗，佛陀十大弟子中“智慧第一”。又作舍利弗多、舍利弗罗、舍利子等。意译为鹙鹭子、秋露子、鸲鹆子等（图1）。

舍利弗的姓名与他母亲有关，据说其母是摩伽陀国王舍城婆罗门论师之女，因出生时以眼似舍利鸟（舍利鸟又叫鹙鹭、秋露、百舌鸟等），于是取名为舍利。另外，在梵文中，“弗”或“弗多”，是“子”的意思。所以舍利弗，意思就是“舍利之子”。据说，舍利弗的母亲在当时是众女人中聪明第一，而世人出于尊重其母，所以称她的儿子为舍利子。

舍利弗自幼形貌端庄严肃，青少年时，跟着许多老师修习诸般技艺，多才多艺，通晓四吠陀等经典，又能广解诸论，十六岁就能挫伏他人之辩论，众人对他都非常佩服。

舍利弗年少之时，与邻村的目犍连结交，曾经一同去参加王舍城外祇离渠呵山的大祭节庆活动。他见众人混杂嬉戏，顿时产生无常

图 1 初唐 334 窟西壁龛内 舍利弗

之感，随即剃除须发，投六师外道中的删阇耶出家学道。他仅用七日七夜就学习并完全理解了其教旨意，成为其二百五十门人中的上首。虽然如此，舍利弗依旧感到大师的道还不能使人证得解脱，他依然感到迷茫。

当时，佛陀成道不久，住在王舍城竹林精舍。一天，舍利弗在王舍城中看见持钵乞食的马胜比丘（即阿说示）。见他威仪端正，行步稳重，心想：这个人看上去已经证得大道，我要去问他的导师是谁，他的教义是什么。舍利弗恭敬地询问马胜比丘："僧人，你的身上散发着平和稳定的气息。你的德行和悟性，从你的身形姿态，一言一行中流露出来。请问你的导师是谁？你的导师的义理是什么？”

马胜比丘告诉舍利弗：“我是释迦牟尼佛门下的弟子。”然后向舍利弗解说了诸法无我的道理。舍利弗顿觉豁然开朗，内心感到了正法的力量。他向马胜比丘鞠躬表示感谢，马上去找到他的好友目犍连。随后与目犍连各率弟子二百五十人，一起前往竹林精舍皈依佛陀。

师从佛陀之后，舍利弗和目犍连帮助佛陀管理僧团，主持僧众事宜，成了佛陀弘法的得力助手，两人被称为佛陀门下的“双贤”。舍利弗以其聪明颖悟、能解决诸疑，被誉为佛弟子中的“智慧第一”。

舍利弗曾经拜外道为师，通晓外道经典，因此常常以超绝之辩才摧伏赤眼婆罗门等外道。特别是佛陀晚年时，佛陀的堂兄弟提婆达多拉帮结伙，倡导五项戒律，从事“破僧”活动，分裂僧侣组织，并率五百比丘遁入伽耶山中。这时，舍利弗与目犍连共往伽耶山，劝导五百比丘自悟其非，复归佛陀，为巩固僧侣集团立下了汗马功劳。

另外，须达多长者皈依佛陀，捐建祇园精舍之时，舍利弗受佛陀指派，与须达多长者一起到舍卫国。两人寻遍各地，都没有适合讲经说法的地方。最后，他们来到祇陀太子的花园，见园中树木、芳草茂盛，鸟语花香，开阔寂静，非常适合修造精舍。舍利弗于是对须达多长者说：“就选在这里吧！”（图 2）祇园精舍是佛陀弘法的重要基地，对于佛教的发展具有重大意义。

据佛经说，释迦牟尼佛涅槃前，曾经告诉众比丘，自己三个月后将入涅槃。佛陀十大弟子中之舍利弗与目犍连二人，因不忍眼见佛陀入灭，乃征得佛之应许而先行入灭。敦煌莫高窟五代第 61 窟北壁西起第八扇

图 2　宋代第 76 窟东壁　舍利弗与须达多长者商议建精舍

屏风画中，绘释迦牟尼知道自己将要涅槃，召集众弟子最后一次说法后，右胁而卧，安然入灭。同时画面下部绘舍利弗不忍见到佛陀涅槃，先佛入灭的情景（图 3）。

据说，舍利弗曾得佛陀之授记，将于未来世成佛，号华光如来。

图 3　五代第 61 窟西北屏风画　舍利弗先于释迦牟尼佛涅槃

决海救民，斗法外道

传说，于阗国有条大河，河里住着一条妖龙。常常呼风唤雨，兴风作浪，使这个国家灾害泛滥，人畜不安，老百姓的日子比黄连还苦。一天也不知从哪儿来了一位道人，因皮肤漆黑，人称涂炭道人。他扬言能制伏妖龙，消病除灾。众人信了他的话，跟着他来到河边，摆好香案，念动咒语，对妖龙说："你只要能及时行云布雨，保证本国没有灾害，我便饶你一命，并让百姓年年奉献五谷牲畜，祭祀供奉。"妖龙一听有人献供，便听从道人的话，答应改邪归正。从此，每到年终，家家纳粮献畜，为河龙和涂炭道人敬献供品。于阗国年年风调雨顺，岁岁五谷丰登，人民丰衣足食。

后来，从印度来了一位僧人，他用善有善报、恶有恶报的佛理说服这里的国王和百姓信奉佛教。由于改信佛教，不信外道了，人们慢慢也就不向河龙和涂炭道人敬献供品了。

年终，涂炭道人见无人献供，怒火冲天，认为于阗国民忘恩负义。

于是，他让妖龙继续作恶，同时自己也跳到河里变作一条毒龙，呼风唤雨，兴风作浪，将于阗国变成了一望无际的大海，人们流离失所，哭天喊地，性命危在旦夕。

这时释迦佛以天眼看到于阗所遭受的灾难，心想：于阗国百姓是因为笃信佛教才遭此大难的。我岂能见死不救？决心营救于阗人于水深火热之中，于是召来舍利弗和毗沙门天王，他们一道驾祥云来到于阗。

毒龙知道释迦牟尼和弟子们来到于阗，也决心和释迦牟尼一战，毒龙先后变作大山、水牛、七宝池、麻雀等，分别被毗沙门天王变化的金刚力士、狮子、六牙白象、鹞鹰所灭，最后释迦以法力使毒龙变为一条小蛇，收入钵中。

图 4　中唐第 231 窟西壁佛龛　舍利弗和毗沙门天王决海

收服毒龙之后，佛祖为拯救于阗国百姓，命舍利弗和毗沙门天王分别以手中杖、矛刺开一道决口，海水全部流入东北方的沙漠之中。水退之后，百姓们在这片土地上重建家园，耕种良田，饲养牲畜，年年五谷丰登，又过上了好日子。

敦煌壁画中绘有这个故事，如中唐第 231 窟西壁佛龛顶部的画面中，绘舍利弗身穿袈裟手执锡杖，毗沙门天王身披坚甲持矛，两者相对，正刺向湖中放水；画面上方绘一方城，榜题“于阗国舍利弗、毗沙门天王决海时”（图 4）。

图5 晚唐第196窟西壁 舍利弗

由于舍利弗不仅“智慧第一”，而且对外道了解，佛陀便常常派他和外道斗法。当须达多长者为佛陀建造精舍的消息传到六师外道耳中后，他们担心日益增长的佛门师徒逐渐占领自己的地盘。于是，他们依仗国王权势，从中作梗，约佛斗法，以胜负决定是否建立精舍。

双方决定，以劳度叉代表的外道师徒与以舍利弗代表的佛门师徒斗

图6 晚唐第196窟西壁 劳度叉

法。如果佛门胜了，就听任建造精舍说法传教；如果劳度叉胜了，则精舍不得建造并将处死须达多和祇陀太子。

因事关两教在舍卫国的生死存亡，国王坐在北面做裁判，官吏百姓位于南面围观监督，舍利弗升狮子座于东（图5），劳度叉身居宝帐于西（图6），双方连续展开了六次惊心动魄的较量：

第一个回合：劳度叉变化作一座巍巍宝山显示法力，舍利弗化作金刚以降魔杵击碎宝山（图 7）。

第二个回合：劳度叉变化作一头高大健壮的水牛，怒吼着奔突而来，舍利弗则化作狮子，将水牛咬倒撕裂啖食（图 8）。

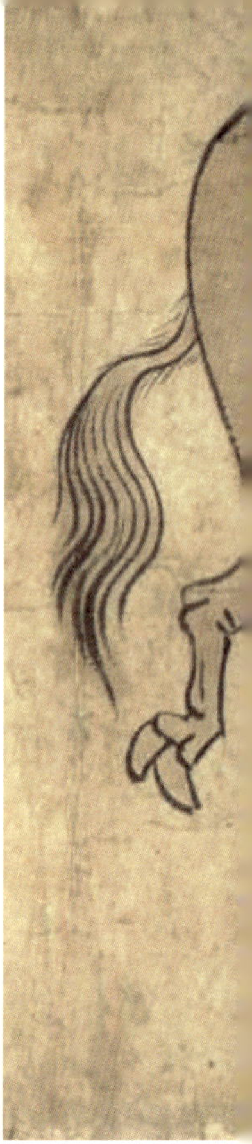

图 7 P.4524 降魔变文画卷 金刚击石

图 8　P.4524 降魔变文画卷　狮牛斗

第三个回合：劳度叉又化作七宝水池，舍利弗则化作六牙白象，以鼻吸干水池（图 9）。

第四个回合：劳度叉又化作一条毒龙，舍利弗则化作金翅鸟，把毒龙啄死（图 10）。

第五个回合：劳度叉又化作二身恶鬼，头黄面

图 9 P.4524 降魔变文画卷
白象吸水

图 10 P.4524 降魔变文画卷
金翅鸟斗龙

图 11 P.4524 降魔变文画卷
毗沙门天王斗鬼

青目赤，口中吐火，鼻中生烟，行似奔电而来，舍利弗则化作毗沙门天王，吓得二鬼伏地求饶（图 11）。

第六个回合：劳度叉变作一棵参天大树，舍利弗则化作风神，放出狂风将大树连根吹拔。

经过一番殊死拼搏的较量，以舍利弗全胜，劳度叉惨败告终。“祇园精舍”得以顺利建成，释迦牟尼早期的说法传道，大部分都是在此进行的，对于佛教的弘扬发展具有重大意义。

目犍连与“盂兰盆会”

目犍连，为佛陀十大弟子中“神通第一”。又作摩诃目犍连、大目犍连、大目干连、大目连、目连等，意译为大莱茯根，大胡豆，大采菽等。别名拘律陀、俱离多等，意译为天抱（图 12）。

目犍连为古代印度摩揭陀国王舍城外拘律陀村人，婆罗门种，天生容貌端正。据说他的姓氏来源和舍利弗相似，也与母亲有关。据说上古时候有仙人居住在深山僻静处，常采绿豆而食（梵语绿豆叫大胡豆、大采菽等），后来这里的后人就以大采菽为姓，目犍连之母是该族之人，即大采菽氏。“摩诃目犍连”之名是取自母姓，而“拘律陀”则取自父名。

目犍连自幼即与舍利弗交情甚笃，同为删阇耶外道之弟子，各领徒众二百五十人。他曾经与舍利弗互约，先得悟解脱者必以相告，共同精进修行。后来舍利弗遇见佛陀弟子阿说示（即马胜比丘），悟得诸法无我之理，然后告诉了目犍连，目犍连和舍利弗带着弟子一同皈依了佛陀。

目犍连与舍利弗皈依佛陀后，共同辅助佛陀教化众生，是佛陀一生弘法的最重要助手，被称为佛弟子中的“双贤”。佛陀晚年，教团就在他们两人的辅助下，不断推展。佛陀曾说：“此二人当于我弟子中最为上首，智慧无量，神足第一。”

图 12 北魏第 257 窟北壁 骑象的目犍连

据说，目犍连的修行特色为得天眼、天耳、知他心及能知过去未来等神通，而且神足轻举，能飞遍十方，故称“神通第一”（或“神足第一”）。

佛灭前八年，提婆达多破僧之时，目犍连曾与舍利弗同往伽耶山，劝导提婆达多的五百弟子悔悟，重新皈依佛陀。

据佛经说，目犍连的父亲是一位乐善好施之人，但母亲却不信佛，不但饮酒吃荤，还打骂僧人，甚至焚毁佛经。因为她生前的种种贪婪罪孽，在冥间审判时被投入了饿鬼道，遭受无尽的饥肠辘辘之苦。目犍连证得阿罗汉果，成尊者获神通之后，欲报答父母恩情，以天眼通观视世间，借佛力到达天宫，却只见其父不见其母。后又寻遍地狱，看见了母亲堕入饿鬼道后受苦受难的惨状，他想要运用神通之力给母亲喂食，不料食物刚进嘴中，就化为了火炭，炽热无比，难以下咽。

目犍连于是向佛陀请示解救之法，佛陀便指示目犍连，在七月十五日以百味饮食置盂兰盆中，供养出家僧众，即可令其母脱离苦业。目犍连乃依佛嘱，于是有了七月十五设盂兰供养十方僧众以超度亡人的佛教典故。目犍连母亲得以吃饱转入人世，生变为狗。目连又带着变为黑狗的母亲到佛塔前，转诵了七天七夜的大乘佛经，使他母亲脱离狗身，进入天堂。这是盂兰盆会的由来，也是“目连救母”故事的根源。

榆林窟第19窟的壁画中，描绘有“目连救母”的故事。其中绘四个鬼卒舞刀使棒，正在驱赶几个戴枷的亡人。一位俗装男子隔门远望，与行走在前面作回望状的女鬼目光相迎，女鬼没有戴枷。这个画面表现目连的父母双双辞世，因为业力不同，父亲在天上，母亲下地狱。俗装男子为其父，女鬼为其母（图13）。又绘阎罗王坐在大殿内，左右善

图13 榆林窟五代第19窟前室甬道 目连救母

图 14 榆林窟五代第 19 窟前室甬道 目连救母

恶二童子侍立。地藏菩萨坐在一侧。殿前立两人，一人官人装束，一人沙门装束（即目连）。城门内外两侧侍立一武士，一门官正带着戴枷锁的男女入城。城中有鬼卒正在锯解用刑。这个画面表现的是目连到地狱探母的情景（图 14）。

据佛经说，目连由于宿业，晚年在王舍城内行乞时，遭执杖外道以瓦石击死。他先于佛陀涅槃，是佛陀十大弟子中第一个涅槃的弟子。

迦叶：拈花一笑、代传衣钵

迦叶，为佛陀十大弟子中“头陀第一”。全名大迦叶、摩诃迦叶，又作迦叶波、迦摄波。意译为大龟或大饮光。别名为毕波罗。

迦叶为王舍城摩诃娑陀罗村人，富豪婆罗门尼拘卢陀羯波之子。据说，其先辈学道，灵龟负仙图而应，后来这个族属就以龟命名。迦叶以族为名，大迦叶就是大龟的意思。其先辈中有仙人名为饮光，此仙人身有光明，其身光能饮夺日月之光。迦叶是饮光仙人之种，其身光也能饮夺日月之光，为此他也名饮光。另外，据说迦叶诞生于毕波罗树下，为此别名为毕波罗。

一般称迦叶为大迦叶，是因为迦叶是姓，之所以称“大”，是为了有别于其他姓迦叶的人。

迦叶长大成人后，娶毗耶离城迦罗毗迦村婆罗门之女。据说夫妇二人相约不耽五欲之乐，不同室而眠。也有说迦叶生性讨厌女人，他与妻子结婚十二年，是他不与妻子同房的。迦叶婚后十二年，其父母相继去世，他便舍去所有财宝和产业，然后与妻子一同剃发出家。

迦叶出家后，更是少欲知足，为佛陀弟子中最无执着之念者，行头陀之大行，能忍受最严格的苦行，故被称为“头陀第一”。由于他具威仪，德行深厚，因此佛陀对他相当器重。佛陀曾经在大众面前，将座位分半座给迦叶坐。

佛陀重视僧伽的集体生活；采取不苦不乐的中道行，有利于使更多的人能依法修证。于是当迦叶年老之时，佛陀考虑到他的身体状况，觉得他可以不用穿粗重的粪扫衣（取被舍弃于粪尘中的破衣碎布，洗涤后做成的袈裟），也不必居住在偏僻荒野的阿兰若。劝他回到方便照顾的僧伽集体中，穿居士施舍的比较轻便的衣服。但大迦叶拒绝了佛陀的好意，说是他已经习惯了苦行的生活方式。

释迦牟尼佛非常看重迦叶，禅宗所传“拈花一笑”的典故，讲的就是佛陀传法给迦叶的故事。据说，有一次大梵天王来到灵鹫山，以金色波罗花献佛，请佛说法，世尊拈花示众，并不说法。大家都不明白他的意思，面面相觑，这时候唯有迦叶破颜微笑。佛祖当即宣布：“吾有正法眼藏，涅槃妙心，实相无相，微妙法门，不立文字，以心传心，于教外别传一宗，现在传给摩诃迦叶。”然后把平素所用的金缕袈裟和钵盂授予迦叶。这就是禅宗“拈花一笑”和“衣钵真传”的典故，为此禅宗把摩诃迦叶列为第一代祖师。

佛陀涅槃之后，迦叶担心正法可能散失与错乱，因此便在王舍城集合五百比丘，从事经藏与律藏的结集。这是王舍城举行的第一次佛法结集，由迦叶主持、策划。后世佛法的流传，与这次结集有极大的关系，这也正是迦叶之所以具有历史地位的主要缘由。

相传迦叶曾受释迦牟尼佛咐嘱，在待他涅槃后，入鸡足山入定，等候弥勒佛出世时，亲手将法衣袈裟传给成佛后的弥勒。迦叶为了完成佛陀的嘱托，于是到了深山坐禅入定，等待弥勒佛的到来。五百年后，弥勒佛出世，来到鸡足山，到达迦叶入定的地方。这时，迦叶在天眼中看到弥勒佛已到，从禅定中苏醒过来，然后将释迦佛的袈裟恭敬地交与弥勒佛。

敦煌壁画中绘制有迦叶献袈裟这个故事，如榆林窟中唐第 25 窟北壁《弥勒经变》的一个画面中，绘迦叶在岩洞中修禅，迦叶从岩洞出来后向弥勒跪拜行礼，双手献上袈裟（图 15）。

图 15 榆林窟中唐第 25 窟北壁 迦叶献袈裟

阿难与比丘尼教团的开创

阿难，为佛陀十大弟子中“多闻第一”，全称阿难陀，意译为欢喜、庆喜、无染。系中印度迦毗罗卫国人，出于刹帝利族，为斛饭王之子，提婆达多之弟，佛之从弟（堂弟）。出家后二十余年间为佛陀之常随弟子，善记忆，对于佛陀之说法多能朗朗记诵，所以被称为“多闻第一”。阿难天生容貌端正，面如满月，眼如青莲花，其身光净如明镜，故虽已出家，却屡遭妇女之诱惑，然阿难志操坚固。

阿难的一生中，最受人注目的有三事。

1. 二十余年间为佛陀的常随弟子，如影随形于佛陀之侧，侍奉佛陀的饮食起居等。

2. 初，佛之姨母摩诃波阇波提出家志切，然而佛陀不许。后经阿难再三陈情，佛乃制定八敬法，听许姨母及五百释氏女出家。此为佛教教团有比丘尼之初，全赖阿难之功。

3. 佛涅槃后，第一次经典结集时，阿难几乎为大迦叶所摈弃。大迦叶所领导的僧伽，对阿难发出一连串的责难。阿难不承认自己有错，但为了顾全团体，愿意向大众忏悔。随后诵出经藏，对于经法之传持，功绩极大。

据载，佛陀传法给摩诃迦叶，摩诃迦叶后传法给阿难，阿难入寂前，将法付嘱于商那和修。

敦煌艺术中不仅有很多阿难的塑像，也有不少关于阿难故事的壁画。如莫高窟中唐第 159 窟绘阿难为生病的佛陀乞乳的故事。据说，有一次释迦牟尼卧病在床，小弟子阿难持钵，前往村中为老师乞乳。当阿难来到一大婆罗门家中时，遇到了大居士维摩诘。维摩诘听阿难说明缘由后，唯恐外道会知道释迦牟尼病重，会耻笑释迦牟尼有病自己不能治，如何能普度众生。于是劝阿难快快潜离，不要让别人知道此事。不过，敦煌壁画绘制的重点放在了乞乳的画面上。如第 159 窟东壁《维摩诘经变》中，画面左侧绘一山庄，门口立一男子和一手捧奶钵的中年妇女。阿难立其前，持钵乞乳。维摩诘站在阿难身后。画面右上侧绘一大母牛，腹下蹲一妇女正在挤奶，另外绘一男孩用力拉拽一小牛（图 16）。

晚唐第 85 窟东壁的《报恩经变》“序品”描绘阿难被婆罗门外道奚落的故事。据佛经说，阿难清晨进入王舍城托钵求食，在途中看见一婆罗门子背负其母沿街乞食，将乞讨得来的美食供养父母。阿难看见如此有孝心的人，便当即赞美此人。这时，另外一些婆罗门外道的人看见了阿难，便借机当面奚落阿难，诬说佛陀是不知恩养、不懂孝道的恶人。阿难返回将此事告知佛陀，于是佛陀对众弟子讲说《报恩经》。图中阿难左手持钵，右手持锡杖。一婆罗门外道右手握举一杖，左手指指点点，正在奚落阿难。此人身后一婆罗门背负一妇人（图 17）。

图16 中唐第159窟东壁 阿难乞乳 欧阳琳临

图17 晚唐第85窟南壁 报恩经变·阿难乞食

从上面两个故事，可看到佛陀每天的饮食都是由阿难照料的。

盛唐第217窟西壁龛顶所绘释迦牟尼返乡的画面，绘释迦牟尼率众弟子乘云降落在城门前，城门开启，姨母摩诃波阇波提王妃伸出双手相迎（图18）。这个画面与阿难请佛度女人出家有关。

据佛经说，佛在迦毗罗卫国云游时，姨母摩诃波阇波提王妃找到他，乞求出家为尼。当时佛不同意女人出家、受戒、披法衣，就让她在家学道、修行。姨母再三哀求，都被佛拒绝。

姨母伤心失望，立在门外，忍不住啼哭起来。这时，阿难刚好从门前经过，见状就上前询问原因。得知原因后，便答应替她去说服佛。

阿难回去后，就据理力争，请求佛准许女子出家。佛告诉阿难说：“我出生刚七天，母亲就去世了，是姨母把我养育成人的。现在我能成佛，可以说都是姨母的恩德。但女人出家，一定会影响佛的清净梵行。但是如果女人能够用毕生精力持八敬法，就准许她们出家吧！”

阿难把佛的旨意转告摩诃波阇波提王妃，摩诃波阇波提王妃听后当即转悲为喜，表示坚决奉行佛的教旨，受持八敬法。于是，摩诃波阇波提王妃出家成为比丘尼。

释迦牟尼的姨母摩诃波阇波提王妃是佛教史上的第一个比丘尼。她的出家开启了女子出家修行的大门，比丘尼教团的开创在佛教发展史上具有重大意义，对此阿难确实功不可没。

图 18　盛唐第 217 窟西壁龛顶
释迦牟尼返乡，姨母相迎

迦叶与阿难：冲突与和谐

据说，佛陀临终前曾对阿难说："吾灭度后，应集众僧，舍微细戒。"微细戒亦称小小戒，即是释迦牟尼佛在世时对弟子们日常生活中的小枝小节的规定。佛陀注重实际生活，因此在其将入灭之时，考虑到他死以后，弟子们可能会拘泥于一些小枝小节而有碍佛教的发展，所以才对阿难留下重要的遗训。

然而当阿难在第一次结集的大会上，宣诵出这一佛陀的遗训时，却因忘了及时请示佛陀有关微细戒的范围，而引起一场争论，最后则由迦叶以大会召集人兼主持人的地位，作了决定："随佛所说，当奉行之，佛不所说，此莫说也。"

迦叶一生重视苦行与戒律，对阿难在佛灭后所传的"小小戒可舍"的佛陀遗教，不表赞同，特别反对女性可以出家。他与阿难的冲突，实际上代表了保守与变通两大潮流。

大迦叶领导僧伽对阿难列举一连串的过失，主要是戒律问题和女众问题。

关于戒律，阿难传达释尊的遗命，“小小戒可舍”，对于一些小戒，认为应该通变适应；如僧伽和合一心，可以灵活方便。而大迦叶把“小小戒可舍”，看作破坏戒法，深恶痛绝。这两大思想的对立，在五百结集，七百结集中，都充分表达出来。

关于女众，阿难请度女众出家，释尊准女众出家，代表了修道解脱的男女平等观。大迦叶所代表的，是传统的男性中心，以女众为小人，为祸害的立场。另外，阿难让女众先礼舍利（佛身），也被迦叶认为有污如来遗体，应该责难。

阿难所宣诵的佛陀遗训，实际上代表了当时佛教很多僧人要求顺应现实的改革思想。例如后来不久，以要求进步革新的青年比丘为骨干的大众部，便明确提出十条戒律新主张（即“十事”），这十事为：

1. 角盐净：将食盐贮存在角器中供日后食用。

2. 二指净：如未吃饱，日影偏过正午二指，仍可进食。

3. 他聚落净：一食之后，仍可到其他聚落再食。

4. 住处净：同一教区的比丘，可不必同在一处布萨。

5. 随意净：众议处决之时，虽不全部出席，但仍有效，只要得到他们于事后承诺即可。

6. 所习净：随顺先例。

7. 生和合净：喝未经搅拌去脂的牛乳。

8. 水净：喝阇楼伽酒（未发酵或半发酵的椰子汁）。

9. 无缘坐具净：使用缝制不用贴边且大小随意之坐具。

10. 金银净：接受金银并可储蓄。

图 19 隋代第 304 窟西龛

图 20 第 220 窟甬道南壁龛内
中唐绘 说法图

然而，此举又遭到以忠实遵守传统，坚持苦行的长老们的强烈反对。上座部为此召集七百比丘举行第二次结集，讨论并宣布十事非法。

虽然这次又以革新派失败、保守派胜利的结果告终，但佛教内部的改革并未停止过。

特别值得注意的是，尽管迦叶和阿难在思想观念上有很大的分歧，代表了不同的派别，代表了两种不同的路线斗争，但未见他们谁把谁排斥于佛教之外。相反，在此基础上，两千年来的佛家发展史上出现了大大小小的、观点或小异或迥然不同的至少几十个宗派，他们之间虽有冲突，但更多的是和谐共存。

敦煌壁画和敦煌彩塑中，可以明显地看到佛教内部许多派别各自的思想主张，但是它们在敦煌石窟中甚至在一个洞窟中和谐共处。特别是迦叶和阿难这两位在思想观念上有极大分歧、两个派别的代表者，他俩不管是在彩塑中，还是在壁画中，都紧紧地依偎在佛陀两侧，竟是那么的和谐（图 19、20）。

他们一个脸上刻满深陷的皱纹，咧嘴露出稀松的牙齿，鼻翼两侧肌肉松弛，两眼深陷，目光衰退，一手捧瓦钵，充分表现出一个饱经风霜，终身苦修的苦行僧形象（图 21）。另一个身披绿色袈裟，双手斜捧桃形小钵，聪慧俊秀的面庞，充满青春活力，流露出一种不甘于现状的神情（图 22）。显然，从造像特征上，便可以看出迦叶代表了主张忠实传统、坚持苦行的上座部，阿难代表了要求顺应现实、变革戒律的

图 21 隋代第 419 窟西龛迦叶

图 22　隋代第 419 窟西龛南侧 阿难

大众部。

两个对立派别的领袖，位于佛陀的左右，永远地和谐相处。这大概便是佛教的兼容性。

在隋代第419窟西壁龛内主尊佛的两侧，塑有一老一少的弟子像。老者迦叶，是释迦牟尼佛的十大弟子之一，以苦行著称；少者阿难，也是释迦牟尼的十大弟子之一，因长于记忆，被称为“多闻第一”。

释迦牟尼有十大弟子，但为什么单单要塑迦叶和阿难在他的左右呢？

说来话长，实际上迦叶和阿难是佛教内部两大不同派别的代表人物，前者主张守旧苦行，后者主张革新不拘小节。

佛陀的儿子：罗睺罗

罗睺罗，为佛陀十大弟子中“密行第一”。又作罗云、罗睺、曷罗怙罗、何罗怙罗等，意译为执月或障蔽、覆障、障月。罗睺罗是佛陀的儿子，据说他出生之时，正逢阿修罗以手障月，所以取名罗睺罗。另外，说他六年处于母胎之中，为母胎所障蔽，所以取名罗睺罗。

据佛经说，罗睺罗的前世是一个国王，当时国内有一个仙人犯了盗戒，准备向国王忏悔。但他到了王宫后，国王沉迷于酒色歌舞，六日不见任何人，以此因缘，所以今生六年在母胎中被覆障。

关于罗睺罗的生母，有佛经说他是第一夫人瞿夷之子，但有佛经说他的生母是第二夫人耶输陀罗。据《过去现在因果经》记载，悉达多太子决意出家时，父王曾对太子说：“国嗣既重，属当相继，唯愿为我，生汝一子，然后绝俗，不复相违。”太子于是心想：大王所以苦留我者，正自为国无绍嗣耳。便对父王说：“善哉如敕。”然后“即以左手，指其妃腹，时耶输陀罗，便觉体异，自知有孕”。

图 23　北周第 428 窟东壁　罗睺罗献淫药

关于罗睺罗和生母耶输陀罗，敦煌壁画中绘有一个故事。据佛经记载，释迦牟尼出家修行六年，成佛后应父王的邀请返回故国传播佛教，度化国人。这时，其出家前的太子妃耶输陀罗对释迦牟尼情恋依依，欲续旧情，但释迦牟尼冷淡相对。于是耶输陀罗准备了一钵百味欢喜丸，让七岁的儿子罗睺罗端送给佛陀。佛陀虽然吃了药丸，但毫无反应，不与耶输陀罗行夫妻合欢之事。佛陀心目澄净，毫无异相。北周第 428 窟东壁门南描绘了这个故事，画面中佛陀端坐于莲座，儿子下跪于座前，正用右手从一容器中取出一欢喜丸，身后有一马卧地。此壁画即表现耶输陀罗遣儿子罗睺罗奉送欢喜丸给佛陀（图 23）。

麦积山石窟第133窟宋代塑造的一大一小两身造像，表现的便是佛陀回家见儿子罗睺罗时的情景。释迦牟尼低头向下俯视，目光柔和地看着罗睺罗，右手向下似乎要轻抚爱子；罗睺罗低头合十，似乎怀着激动的心情静静地期待父亲的抚爱（图24、25）。

敦煌壁画中还绘有罗睺罗出家的情景，如盛唐第217窟西壁龛顶，绘释迦牟尼佛返乡，宣讲佛法。随后，难陀、提婆达多等王子以及贱民

图24 麦积山石窟第133窟 宋代 罗睺罗

图25 麦积山石窟第133窟 宋代 佛与罗睺罗

图 26 盛唐第 217 窟西壁龛顶 罗睺罗出家

优婆离等纷纷出家，这时罗睺罗只有十五岁，也跟着出家为僧（图 26）。

罗睺罗出家后，因他年幼，外出行乞时常常被人欺负，但是他特别能忍，同时能严守戒律，修道精进，诵读不懈，依数息观而得证圣果，故被称为“密行第一”。

在一次法华会上，佛陀对罗睺罗授记，告诉他：“汝于来世当得作佛，号‘蹈七宝华如来’。”

乞富不乞贫的须菩提

须菩提，为佛陀十大弟子中“解空第一”。又称苏补底、须扶提、须浮帝、须枫等。意译为善业、善现、善见、空生等。

须菩提出生在一个婆罗门教家庭，为古印度拘萨罗国舍卫城长者鸠留之子。据说，须菩提诞生的那一天，家中所有的财宝、用具都忽然不见了，全家人都非常忧心，请相师来卜卦。相师卜卦后，说道：“这是一件可喜的事，你们家所生的是贵子，室中金银宝物在贵子初生时会一切皆空，这象征着他是解空第一人呢!就为他取名‘空生’吧!”相师的话，安定了全家人的心。三天以后，尊者家中的财宝和用具，又恢复原状。

须菩提智慧过人，但是性情恶劣，嗔恨炽盛，被亲友厌恶，于是他舍家入山林。山神便引导他前往佛陀住的地方，佛陀为他讲了嗔恚的害处，他为自己的过去感到后悔自责，然后皈依佛陀。

须菩提出家以后，过着三衣一钵的生活，每天上午到街坊上托钵乞食，下午就跟随佛陀听教参禅。

比丘们每日出外托钵乞食，总是遵照佛陀的法则，次第行乞，一个个，一排排，挨家挨户行乞。可是须菩提却不同，一离开精舍，他就与大家分道而行，总是一个人威仪齐整，行止安详地去找乞食的对象。原来，须菩提乞食行化，总爱到富有人家里，见到房屋矮小，或是知道经济穷困的人家，他决不去托钵。无论多远的路途，他都要赶到富贵的人家去，否则，他宁可饿着肚子不行乞。

在僧团中和须菩提有相反作风的人，是大迦叶尊者。须菩提是乞富不乞贫，而大迦叶是乞贫不乞富。须菩提很不解大迦叶的用心，有一次闲谈时就问他道："尊者大迦叶！你乞食的态度和我正好相反，我很无礼地请求你告诉我是什么原因？"

"尊者须菩提！"大迦叶解释道："我们是出家的沙门，守道行法，这就是人间的福田，我们受人间的供养，是给他们增长福慧的机会。我向贫穷者乞食，让他们种福田，免除他们将来的穷困，富人们的福多，我们何必锦上添花？"

大迦叶尊者的话，一方面像是为自己解释，一方面又像是向乞富的须菩提说教。须菩提听后，点点头，他不强人同己，说道："乞富或乞贫，都是为了利益众生，尊者！佛法里方便有多门，我们可以各行其道，其实这都是佛陀的教法。"

须菩提和大迦叶乞食的作风，成为强烈的对比。他们的对话和乞食的态度，佛陀知道以后，对两个人都不赞成，曾呵斥他们心不均平，都不合乞食法。真正的乞食法，是不择贫富，不分秽净，严肃威仪，次第行乞。

大迦叶比较固执，苦行的色彩非常浓厚，他是从来不愿舍弃苦行，可是须菩提，对于佛陀的指示百依百顺，以后就自己修正了乞富不乞贫的态度，他对佛陀的教示，都是感恩地接受。

须菩提是佛陀弟子中最善解空理者，以“恒乐安定，善解空义，志在空寂”著称，被誉为“解空第一”。须菩提在大觉者佛陀的教导下，明白宇宙人生的事物是因缘和合的，一切是因缘所成，一切也由因缘所灭。因缘，就是“空”的最好注解。

有一次，一个很有学问的外道婆罗门，向须菩提提出质问道：“须菩提尊者！听说你在佛陀的座下，是解空第一人，可是，我要问你，世间上的一切，明明是真实的存在，你解空说空，是怎样来自圆其说呢？”

须菩提用手一指，说道：“你看那间房子，是四大（地、水、火、风）元素以及各种因缘和合而成，若把土木砖瓦分开，不但房子的形状没有，就是房子的名称也没有了。从一切是和合这点可以看空。这间房子在村庄中，是最高大美观的，若是把它搬去与城市中的房屋一比，它就显得矮小简陋了。城市中巍峨高大的房屋，若是和舍卫城的王宫一比，又显得不足一道了。空有空的背景，空有空的内容。空，是一切事物本来的面目。”

须菩提又用手在空中一画，说道：“当你的黑发成为白色，当你见到枝头的树叶降落在地上，还有那花的种子入土、抽芽、成长、开花、结果，经过变化循环，又成为它原有的样子，你记好，那就是‘空’！”

外道婆罗门听了以后，佩服不已。

须菩提在佛陀的僧团中，修道闻法，非常认真（图 27、28）。有一次，佛陀在讲说《金刚经》的时候，虽然知道须菩提对佛法有所感悟，

图 27　中唐第 112 窟南壁　须菩提听佛陀讲经说法

图 28 中唐第 112 窟南壁 听佛陀讲经说法的须菩提

图 29 晚唐第 156 窟南壁 歌利王命令手下人割截忍辱仙人

但大慈大悲的佛陀认为还应该继续帮助须菩提，于是针对须菩提曾经的性情恶劣和嗔恨炽盛，苦口婆心地讲述自己曾经为忍辱仙人时，如何被歌利王割截身体，“我的眼睛、耳朵、鼻子、两手、两足，都一一地被歌利王割下来，为了度生，为了对众生行慈，我那时一点嗔心都没有。我从无我度生的精神中，慢慢累积我的福慧，庄严我的佛果。须菩提!行凶的人不能胜人，唯有行忍辱的人，才是最后的胜利者！”本来“应生嗔恨”，却忍受折磨痛苦，且不生丝毫嗔恨之心。莫高窟晚唐第156 窟南壁《金刚经变》中绘有这个故事，画面中绘歌利王命令手下人割截忍辱仙人，坐在地上的便是被割截的忍辱仙人（图 29)。

为弘法事业献身的富楼那

富楼那，为佛陀十大弟子中“说法第一”。全名富楼那弥多罗尼子，又作分耨文陀尼子、富娄那、弥多罗尼子等，意译为满慈子、满祝子、满愿子。“满”是其名，“慈”是其母姓，从母得名，故称满慈子。“弥多罗”为其母之族名，有祝、愿之义，故称满祝子、满愿子（图 30）。

富楼那为迦毗罗卫人，净饭王国师之子，属婆罗门种。容貌端正，自幼聪明，能解韦陀等诸论，逐渐厌俗，欲求解脱，遂于悉达太子出城之夜，与朋友三十人同时于波梨婆遮迦法中出家，入雪山，苦行精进，终得四禅五通。后来释迦牟尼成道在鹿野苑转法轮时，富楼那前往释迦佛处请求出家受具足戒，后证得阿罗汉果。以其长于辩才，善于分别义理，后专事演法教化，因闻其说法而解脱得度者，多达九万九千人，故被誉为“说法第一”。

做释迦牟尼佛的弟子，修道解脱生死固然要紧，但宣扬真理，说法度生，也很重要。能够胜任宣说佛陀的教法，实在是一件极艰巨的工作。因为所要宣说的法，不但要契合佛陀的真理，更要契合众生的根机。

富楼那知道，所谓说法布教，应该是为了众生而非为了自己，说法是说给众生听的，不是说给自己听的。因此对不同的人，说法方式不同，是富楼那的特长。他见到医生的时候，就会对医生说道："医生可以替人医治身体上的病痛，但心里的贪瞋痴大病你们有办法医治吗？""尊者！医生只能医头痛、肚痛、脚痛等身体上的疾病，心里的大病没有办法，您有办法吗？""有！"富楼那肯定地答道："佛陀的教法，如同甘露法水，可洗清众生心垢，戒定慧三学，如万灵丹，可以医好贪瞋痴的心病。"

见到官吏的时候，富楼那会这样问："你们做官的人，可以治犯罪的人，但有办法治人不犯罪吗？""虽然有国法，但国法也不能使人不犯罪。"官吏们回答。富楼那则说："除国法以外，你们和一切人民，都应该奉行佛法。大家若能信受奉行五戒十善的道理，因果轮回的法则，这个世界就不会犯罪。"

富楼那因为懂得善巧说法，无论是医生、官吏，没有不因此而皈依三宝，信仰佛教。

有一次，富楼那经过一个村庄，他对田里工作的农夫说："你们耕水田、种粮食可以资养色身，我教你们耕福田资养慧命的方法好吗？""耕福田养慧命是用什么方法呢？"农人们问。富楼那说："信仰佛教，奉事三宝，对于沙门要恭敬，对于病人要看护，慈善公益的事业要热心，堂上双亲要孝顺，对于乡邻要隐恶扬善，不要乱杀生灵，这都是耕种福田最好的方法。"

图 30 盛唐第 199 窟 富楼那

富楼那没有固定的住处，布教也没有固定的方法，有时在露天公开演说，有时到家中个别访问，有时候唱歌赞美佛陀，有时示现神通启发人的信仰，就因为如此，佛陀的教法很容易让众生接受。

佛陀八十岁的那一年，在拘尸那迦罗城进入了涅槃。在外教化的富楼那，听到佛陀涅槃的消息，带领弟子很快地赶到拘尸那迦罗城向佛陀致哀。当富楼那领着弟子到达拘尸那迦罗城的时候，佛陀的应身早就火葬了。富楼那除了伤心以外，最挂念的就是佛陀的教法，他知道佛陀的教法才是佛陀的法身。

他询问之后，知道上座部比丘由大迦叶领导，正在耆阇崛山主持第一次的经典结集。富楼那连夜赶去参加，这时，结集已快完成，大迦叶见到富楼那非常欢喜，对他道："尊者，你来得正好，我们对佛陀教法的结集已将完成，现在希望你也能同意。"

富楼那仔细地听完结集经过以后，回答道："诸位尊者！你们把佛陀的教法结集起来，很令人感佩！关于内容，我大部分都没有异议，只是对于律中有关食法的八事，都在禁止之例，我很难同意，因为这有背佛陀的本意。""你们现在把内宿、内煮、自煮、自取食、早起受食、从彼持食来、杂果、池水所出可食物，都加以禁止。禁止这八事，对于僧团中的修道者是很大的不便。米谷腾贵的时候，饥馑的时候，食物难获的时候，佛陀允许这八事的。"

大迦叶是僧团中权威的长老，过去没有人敢对他表示异议，就算心中有不同意见，但表面上只有缄默而已；富楼那在僧团中也是有崇高地位的人，所以他敢提出不同的意见。

这样，双方引起一番辩论，终没有解决，最后，富楼那说道："那没有办法，以后我只有把亲自从佛陀那里听来的，随自己的领悟，自己遵守，永远保持下去。”富楼那说后，就又踏上他弘化的行程。由此可见，在重大问题上，富楼那绝不妥协，一定会坚持自己的原则。

据佛经说，佛陀曾为富楼那授记，告诉他将来成佛，号法明如来。“富楼那成佛的佛国，大地没有山陵沟壑，没有荆棘沙砾；所有的楼台亭阁，高入云霄，土地都是金银众宝所铺。那里没有地狱、饿鬼、畜生，也没有女人，更谈不到淫欲，人们皆是化生，飞行自在，无我也无我所，没有刀兵，大家各得所宜，各取所需。也没有种族的界限，没有强弱的分别，没有怨敌，没有仇人，更没有巧取、豪夺、侵占。那里是一个善净国土！”

“论议第一”的迦旃延

图 31 盛唐第 74 窟西壁龛内北壁 迦旃延

迦旃延，为佛陀十大弟子中“论议第一”（图 31）。又作摩诃迦旃延、摩诃迦多衍那、迦多衍那、迦多衍尼子、迦底耶夜那等。意译为剪剔种、剪剃种、扇绳、好肩等。剪剔，婆罗门姓，是婆罗门姓十姓之一，迦旃延即以姓为名。

迦旃延，出生在西印度阿盘提国的一个婆罗门家庭里。他的父亲是当时国王所拜的国师，家中拥有广大的土地、成百的仆役，有权势、有财富，是国中首屈一指的大户人家。迦旃延，是婆罗门国师的第二个孩子。

最初，迦旃延进入国都优禅耶尼城附近之频陀山中，跟随舅父阿私陀仙人学习吠陀之教。在印度，阿私陀是当时博学而有神通的仙人。

在舅父阿私陀仙人的教导下，迦旃延精通吠陀圣典、占星术及各种印度古文字，其中于古文字方面的造诣尤为精深。相传当时印度国内有一座古碑，上面的文字无人能识。国王贴出榜文诏示全国：有能识者，予以重赏。迦旃延揭榜应征，很轻易地译出了碑文。碑文虽然译出来了，可是碑文的内容却令他费解。遵照舅父的指点，他到竹林精舍请教佛陀，佛陀为他详细地讲解了碑文的内容。原来这座碑讲的是断烦恼、证菩提的道理。迦旃延听了佛陀的讲解，对佛陀的学识及思想十分佩服。从此他便皈依佛陀，成了佛陀的弟子。

迦旃延出家后，除了精勤修道，还积极地投身于佛教的弘法事业中。迦旃延有时跟随在佛陀的身边修学，有时独自一个人在各方云游教化。他和富楼那的教化方法稍有不同，富楼那说法教化的时候，总是集合成千上万的人听讲，而尊者迦旃延却欢喜个别的教化。

迦旃延的教化众生的事迹很多，如阿槃提国有一位贫苦无依的老妇，因家境贫困，走到河边放声痛哭，欲寻短见。迦旃延见状，急忙上前安慰。迦旃延得知那妇女是因贫穷所致，随即方便善巧地教她“卖贫”。卖贫的方法是行布施、念佛、观佛。老妇依此而行，终于生到忉利天宫。敦煌壁画中描绘了这个“迦旃延教老母卖贫”故事（图32）。

曾经，有一位信仰邪道、行为残暴的恶生王，不信佛法，喜欢杀害出家人。迦旃延奉佛陀之命前往度化。恶生王一见迦旃延之后，就想命人加以杀害。当时迦旃延问他拟加杀害的原因，王说：“汝剃发

图 32 盛唐第 217 窟南壁 迦旃延教老母卖贫（局部）

人，见者不吉，故非杀不可。”迦旃延立刻回答道：“我一见到国王，即将遭杀害，可见是遇到你的人才真是不吉利。相反，遇到我的则会平安无恙。”就这样一句简单的分析，终于使恶王认识到自己的错误。此后，他又用种种善巧方法，为国王解释梦境中的“头上火燃”“两蛇绞腰”“细铁网缠身”等八件事情，终于使佛法得以在该国顺利地发展。

他思维敏捷，辩才无碍，说理透彻，在佛弟子中得到“议论第一”的称号。由于他擅长议论，很多外道都慑服在他的论辩之下，也有不少人在他的善巧开示下步入佛道。

迦旃延依照佛陀的教示，宣扬四姓平等的主张，很多的婆罗门知道了都不服气，有机会，他们就来找迦旃延问难。

有一次，迦旃延在波罗奈国和比丘们在斋堂里用餐的时候，有一个上了年纪的老婆罗门知道了以后，就来向他挑战。老婆罗门倚着拐杖，默默地站在迦旃延的身旁。他心想，迦旃延看到他时，一定要起立让座。可是，迦旃延瞧也不瞧他一眼，他就大声地责问道：“你们对我这样老的长者，为什么不起立让座？”迦旃延却不慌不忙地对老婆罗门说道：“你是什么人？这样大声嚷叫？我们是在奉行着恭敬的教法，可是在这里并没有我们的长者和前辈呀？”老婆罗门怒气冲冲地说道：“像我这么大的年纪，可不可以称作长者？你们应不应该对我恭敬？”迦旃延则说：“你是不可以自称长者的，你也不应该受我们的恭敬！”“你讲话的语气，以及你这样粗鲁的举动，你不配称作长者，不值得人恭敬。因为就算是婆罗门，到了八九十岁的老年，发白齿落，如果他并没有真正地修道，沉迷于色香味触，不能离开贪瞋嫉妒的烦恼，就仍应该称他做青年；假若就算是个二十岁左右的青年，皮肤润泽，头发乌黑，但他已经解脱了爱欲的束缚，对世间没有贪求，没有一点不平的观念，像这样的人，我们可以称他长者，应该受我们全体的恭敬！”老婆罗门听了迦旃延的话，无话可说，就默默地走开了。

有一个婆罗门，很善于辩论，听说迦旃延对年老的婆罗门非但不恭敬，而且批驳得老婆罗门哑口无言，心中非常不服，特地来找迦旃延辩论。他一见面就直呼其名：“迦旃延！我听人说，本是婆罗门的迦旃延，现在改宗作了沙门，是不是事实？”“你说得不错，你看我身上披搭的袈裟！”“背叛本有的信仰，算不算过失？”“从邪执的信仰，走上光明正信之道，不算过失！”迦旃延斩钉截铁地回答。这个婆罗门听了迦旃延的回答，无法再说，最后只得舍弃邪见，后来也作了佛陀的弟子。

很多当时的外道，在迦旃延巧妙的议论下而改邪归正，接受了佛法的信仰。

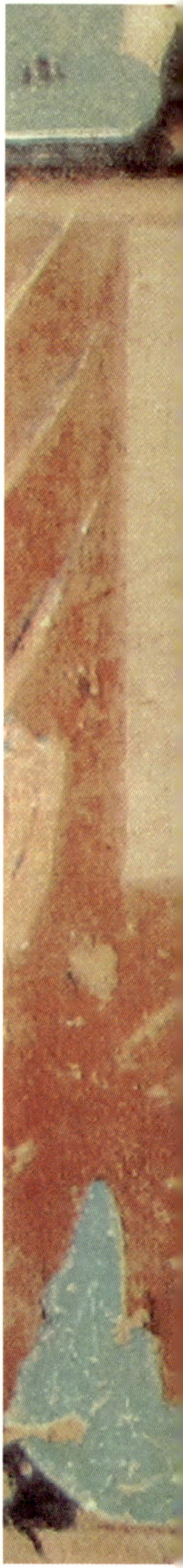

因失明而得天眼的阿那律

阿那律，为佛陀十大弟子中“天眼第一”。又作阿那律陀、阿尼卢陀、阿难律、阿楼陀等。意译为无灭、如意、无障、无贪、不争有无等（图 33）。

阿那律出生在古代印度迦毗罗卫城，为王族的后裔，是佛陀的堂弟。

佛陀成道后，回到故乡迦毗罗卫城说法教化。在佛陀的教化下，很多王族人都皈依佛陀，落发出家。阿那律就在这样的情形下，立志要跟随佛陀出家。他于是和阿难、跋提、提婆、婆娑、难提等一共七位王子，一起偷偷地离家出走，并且还带上理发匠优波离。在途中叫优波离把他们七人的头发剃掉，然后穿着袈裟去见佛陀。佛陀并不立即允许他们加入僧团，叫他们住在一个空屋中静坐七日，忘记王子尊荣的身份后，才让他们出家。

图 33　北魏第 257 窟北壁 骑青狮的阿那律

出家后的阿那律，听经闻法，甘于淡泊的生活，同时他也热心到各地去从事弘法利生的工作。

年轻的比丘阿那律，有着庄严的仪表，优美的风采。一次在弘化的途中，因地处偏荒，天色也渐暗，他只得向民间投宿。阿那律投宿的这一家，这一天只有一个年轻的少女在家。阿那律很犹豫，一个比丘投宿在只有一个少女的人家，不知可以不可以，当时佛陀制定的戒律没有提到这一点。阿那律看看渐暗的天空，乌云密布，像是要下雨的样子，阿那律，只得住下来。

夜半，灯光渐渐地暗淡，朦胧中，门声响处，那个年轻的少女走到阿那律的床前，她温柔多情地说道："你是一位沙门，我知道对一位沙门有非分之想，真是罪过。我不是一个水性杨花的女孩子，近来很多有名的公子向我求婚，我都一一拒绝。但我见了你以后，我又无法压制我对你的爱慕。请你相信我，我现在自愿以身相许，请你以后就住在我家，我的父母一定也很欢喜。"

阿那律在屋内双手合十，结跏趺坐，岿然不动，义正辞严地说道："人间男女的爱情，是生死痛苦的根源，很多的烦恼、是非、纠纷，都是因爱情而起。我现在请你把情欲的烈火熄下，好好观察自己的心。"阿那律的话，使少女羞愧地低下头，终于她悔过的心生起，随后皈依佛教，做了优婆夷。

但从此以后，阿那律宁可住在荒郊野外，也不到俗人家中借宿了。

阿那律的道心很坚固，美色当前坐怀不乱，为佛陀所赞许。不过，有一次为了睡眠，他曾被佛陀不客气地训诫过。那是佛陀在讲经的时候，大概因为阿那律昏沉疲倦的关系，他竟打起瞌睡来。旁边的人，用手推了一下阿那律，他惊醒过来，佛陀问他：“大家都赞美你不为女色破坏戒行，你现在好像是很自满，在我说法的时候，你也在睡觉。”

阿那律听佛陀这么一说，赶快跪下来，合掌说道：“佛陀！请求你慈悲原谅我的懈怠愚痴，从今以后，我再不睡眠。”

自此以后，阿那律从清晨到黄昏，从黑暗到光明，他都精进修行，一时都不肯睡眠，日子一久，阿那律的眼睛生病了。佛陀知道以后，很是挂念，于是对阿那律说道：“阿那律！修行时倦怠懒惰固然不行，但太过了也是同样的不行。”“我已经发过誓，我不能违背誓言！”阿那律恭敬而又坚决的回答，仍然不肯睡眠。佛陀只得又说：“阿那律！一切众生都是要有食物才能生存，耳以声为食，鼻以香为食，舌以味为食，身以触为食，眼就是以睡眠为食，所以，你去睡吧，不要想其他问题了。”佛陀的慈悲，阿那律很感谢，但他不愿违背自己的誓言，仍是不肯睡眠。不久，阿那律的眼睛瞎了（图 34）。

瞎了眼睛的阿那律，在僧团中生活有很多不方便的地方，尤其对于乞食和缝衣，感到困难。不过僧团中其他健康的人，在外面托钵回来，总将余下来的食物分给有病的比丘，对于饭食，阿那律并不怎样烦心。有一次，阿那律衣服破了，他几次想修补，终因自己看不见而作罢。后来，他的僧衣实在破烂不堪了，阿难陀准备来帮他缝制新的僧衣。佛陀的天耳知道了这件事，亲自来到阿那律的住处，对阿那律说道：“阿那律!你把针线拿出来，我来帮你做衣服。”听到佛陀说话的阿那律心里很惶恐、激动，已经看不见东西的阿那律，眼眶中浮出几滴晶莹的泪珠，不知怎样回答才好。佛陀把针线穿好，又拿出布来剪裁，阿难陀、目犍连等就帮着缝制。只花了一天的时间，佛陀等人就帮阿那

图34　五代第6窟西壁龛内西壁　阿那律

律缝制了一套新的僧衣。

佛陀为阿那律缝制了僧衣之后，又教他修习金刚照明三昧。阿那律更加刻苦修行，逐渐心眼渐开，不久阿那律就获证天眼通了，终成佛弟子中“天眼第一”，能见天上地下六道众生。所谓天眼，就是不分远近，不论内外，都能看到。从此，阿那律对于缝衣托钵也不再烦心了。

证得天眼后的阿那律，心中时常想着：“我今天能有这样的法乐，都是佛陀的恩惠，为了报答佛陀，我们应该弘法利生，到没有人布教的地方游化。”从此，偏远的深山、村庄常常能见到阿那律的身影。有一些人患了重病，听了阿那律的说法，放下忧悲烦恼，慢慢就好了起来。对于病者，阿那律的说法安慰，往往有意外的效果。

对于感化凶恶的人回头是岸，阿那律也有办法。有一次，阿那律行化到一个乡村中，那天晚上阿那律在村庄附近的一个树林里打坐。更深夜静，忽然远处有一群人影向他这个方向移来。有天眼的阿那律一看，原来是一群强盗，他们正在分赃刚抢劫的东西，阿那律大声地叹了一口气。那些强盗知道附近有人，跑了过来，准备杀人灭口。一群强盗都把雪亮的刀拿在手中。阿那律毫不畏惧，大声说：“你们要杀我，你们就来吧，你们杀了我，自然也有人会杀你们！”群盗听了大惊，面面相觑，不知如何是好。其中有一个贼首，比较胆大，就问道：“你是什么人？黑夜之中破坏我们的好事！”阿那律回答道：“我是沙门，我在这儿静坐，说我看到你们做坏事倒是真，说我破坏你们的好事倒没有。”“你是不是要告诉官府？”盗首又问。“我不会报官府，不过我要告诉你们，官府就是不知道你们的行为，因果报应也不会饶了你们，想到你们将来悲惨的下场，我真同情！”

阿那律的话，打动了这群强盗，他们忏悔改过，决心从今以后，皈依佛陀。第二天，阿那律叫群盗把抢劫来的东西还给人家，那些失去东西又再获得的人，都感谢阿那律尊者，他们也皈依了佛陀，信奉了佛教。

出身低贱的优波离

优波离，为佛陀十大弟子中“持律第一”。又作优婆离、邬波离、忧波利等。意译作近执、近取（图 35）。

优波离为印度迦毗罗卫国人，出身首陀罗种，属于印度社会种姓制度中最下等的阶层。他原是宫廷之理发匠，在佛陀成道的第六年，王子跋提、阿那律、阿难、难陀等七人随佛陀出家，当时的优波离由于自己出身低贱，也想出家但不敢提出。佛陀察其心意，不仅允许他与诸释种贵族一齐出家，并且宣布出家后的地位完全平等。这次优波离的加入僧团，是佛教僧团之四姓平等化的第一步。

优波离出生在首陀罗族的贱族，首陀罗的人，在路上如遇到婆罗门和刹帝利，要跪在路旁让路，如果偷看他们一眼，眼睛就会被挖掉，如果和婆罗门或刹帝利讲说理由，就会被割掉舌头。

优波离从小就没有受教育的权利，当优波离长大以后，父母想让他学一项手艺，生为一个首陀罗族的人，父母知道孩子的出路，唯有在

图 35 盛唐第 74 窟西壁龛内 优波离

农工、劳力、奴隶之中选择其一。父母商量的结果，选来选去，就送他去学做一个剃头匠。

优波离是一位很易于接受教导的孩子，他的天赋性情有虚心和服从的良好习惯，他很快就把各种发型和各种剃法，全都学会了。学会了手艺，父母又为他托人介绍，好不容易，迦毗罗的王宫，允许他前去剃头理发。

优波离虽然是一个理发匠，但他心地纯洁善良，本性忠厚老实，终于获得释迦族的信任，让他在宫中，专门负责为一些小王子们理发。像跋提王子、阿那律王子等，都是优波离为他们理发。

佛陀回到故乡迦毗罗卫城的时候，也请优波离为他剃头理发，并在理发过程中引导优波离集中心力，逐步进入初禅、二禅、三禅、四禅的修行。

优波离出家以后，因其个性拘谨，对于生活上最注重行住坐卧的威仪，佛陀所制定的戒条，他都能一一遵守，从不毁犯。真实发心修道的人，对严持戒律的长老，当然欢喜恭敬供养，但那些不守规矩不持戒的人，就不会喜欢持戒的人。因此，优波离在僧团中，有些人就不欢迎他，甚至也有批评他的人。特别是优波离到外地去行脚弘化时，就有一些比丘听说优波离要来此处，就设法阻止，或者回避不见，甚至还有比丘尼当面骂优波离。遇到这样的情形，优波离总是忍辱不理睬。不过，佛陀非常关心优波离，知道这种情况后，便派人把那些对优波离无礼的比丘及瞋骂优波离的比丘尼找来，严肃地诃责道："你们真是愚痴，不恭敬持戒比丘，还有谁可恭敬？戒是汝等尊师，戒在则法住，你们不对持戒比丘恭敬，就证明你们有非法的企图！"

优波离自从依佛受戒以来，未曾犯戒如毫厘。但是，他也并不是一位固执戒条、不通情理的人。有一次，祇园精舍一位比丘，得病六年不愈，须要五升酒为药治病，却又不敢犯饮酒戒。优波离知道这事之后，立刻去请示佛陀是否可以开许。得到佛陀准许之后，终于将该病比丘治愈。为了这事，佛陀还特别称赞他是“真能持律之人”。

优波离是著名的“持律第一”。持律与持戒不同：持戒是每一位出家者的本分，如国民的奉公守法；持律不仅自身要持戒，还必须通晓和善于运用法律知识，如同法学者、法官、大法官。

优波离持律第一，对于戒，当然是清净不犯。大概是由于他和大迦叶一样，反对女众出家，因此他与女众的关系，不大友好。据说他与持律者外出弘法时，尼众常常沿路嗔骂他，使他乞食难得。

在僧团里，依法修行证果的人很多，但犯戒的人也不少。有的比丘、比丘尼常常犯戒的，他们的恶行、恶名声，常常让佛陀烦心，佛陀总是劝大家以优波离持戒比丘为模范。恶性难改的比丘，有时非法起诤，你不让我，我不让你，影响大家的修行，也影响僧团的名誉，每当各地有僧众间起诤事的时候，佛陀都要派能明辨是非、主持公道的优波离前去调解。

优波离每当奉命去息诤的时候，他有个原则：“彼处诤事彼处断。”他不会扩大诤事，他善于把诤的结解开，一场诤事往往化之于无形，被誉为“一位善于息诤的和平长老”。

如何慰问病人？优波离有一次请示佛陀：“佛陀！若有大德比丘病时，应该怎样前去慰问看视？”佛陀回答道：“优波离！大德比丘生病的时候，应该让他住在阳光空气流通的房中，他的弟子要常侍在左右，洒扫房中，随时听他的呼吸；若有同学比丘前来问病，如病人力弱，没有精神讲话，侍者代答。慰问时要能随顺说法，能为病人服务一切，能满足病人所需饮食汤药。若是在家信众前来问病，请其坐后，即为说法；若有供养，即为念佛祝愿接受。如病人要大小便利，问病者要赶快退出。病房中除有人侍奉外，门口亦应有人，不得让人卒入。”关于有病的比丘，他的饮食、汤药应如何规定，甚至圆寂以后的遗物处理，优波离都曾请示过佛陀。他能对病人关心得那么仔细，可见他慈悲为人的精神。

优波离的一生行事，最受瞩目的就是结集律藏。在佛灭后的第一次结集时，阿难诵出的是法藏，而律藏则由优波离诵出。在后世律藏的传承史上，优波离具有不可磨灭的历史地位。

佛陀的关门弟子：须跋陀罗

须跋陀罗，又作苏跋陀罗、须跋陀、须跋、薮婆头楼等。意译为善贤、好贤、善好贤等，是佛祖在世时所收的最后一名弟子。

须跋陀罗原为古印度拘尸那城的一名外道婆罗门，也是古印度的一位著名学者，他聪慧多智，悟性极高，好学不倦。当他活到一百二十岁的时候，通过勤奋修习已得五神通（天眼通、天耳通、他心通、宿命通、如意通）的高深境界，被当地人视为伟大的圣贤。

有一天，佛祖即将涅槃的消息传到他所在的城市，他听说之后心情非常激动，觉得无论如何也要见佛祖一面。

佛祖住在远离城市的婆罗林中，到达那里有一段很长的路程，当他抵达佛祖的茅舍时已是夜深了。佛祖早就知道他会来，特意嘱咐弟子阿难接待他。

须跋陀罗在茅屋外面见到了阿难，他对阿难说："佛陀在世上教化众生时,我没能见到，听说他将在这娑罗树林中涅槃，请你向佛陀通报一声，我有疑问想请教他。”阿难问清他的来意后，不同意让这个外道婆罗门去打扰佛陀，以免发生辩论，加重佛陀临终前的苦痛。阿难正这样想的时候，耳朵里传来佛陀以神力送来的梵音：“阿难，你别让我最后的弟子留下悬而不解的疑难，让须跋陀罗来见我吧，他悟性很高，是来求上进、解疑惑的，不是故意来论胜负的。”

阿难于是把须跋陀罗带到释迦牟尼佛床前。须跋陀罗向佛陀致以问候后，在月光和烛光的映照下，佛祖为他讲授了八圣道等佛法的道理（八圣道又名八正道，即八条圣者的道法。一、正见，即正确的知见。二、正思惟，即正确的思考。三、正语，即正当的言语。四、正业，即正当的行为。五、正命，即正当的职业。六、正精进，即正当的努力。七、正念，即正确的观念。八、正定，即正确的禅定。修此八圣道，可证得阿罗汉果）。虽然佛祖的声音微弱低沉，可是在他听来，却不啻惊雷一样令人振奋，一切疑问和杂念消失得无影无踪。

须跋陀罗顿时心里感到豁然开朗,真诚地对佛陀说：“我虽是外道，想皈依佛门，行不行？”佛陀点头，默念道：“善来比丘，须发自落，袈裟着身，即成沙门。”须跋陀罗头顶的须发果然自落，他在佛陀加持下当即烦恼解除。

这时，佛陀对阿难说：“我在道场获无上正觉后，在鹿野苑初转法轮，收下憍陈如等五人为弟子，今天在娑罗林中涅槃前最后一次演说佛法，收下须跋陀罗为我最后一个弟子，从今以后，再也没有人能听我亲口演说佛法而受度化了。将来，若有真正想获得解脱的人来佛门求教，就由我的弟子们辗转相教了。”

又说：“阿难，须跋陀罗虽是外道人士，但他怀有纯真的求知欲，对佛法没有偏见，所以能够度化。这一点，只有我才能分辨清楚。我死后，如果再有外道之士想来佛门出家修行，你们不可随便答应，必须先让他学习四个月经典，考察他的意志和毅力是虚还是实，然后再作决定。阿难，所以要你们这样做，是因为你们智力还小，不能即日时分辨。”

须跋陀罗是佛陀入灭前，最后一个受教而得道之弟子。他于当天夜晚出家受戒，净修梵行。入夜未久，即成阿罗汉。因为他知道佛陀很快就要涅槃，不忍心看见佛陀去世，便以“火界三昧”（由自己身上发出火焰的一种禅定）让自己身先入灭（图 36）。

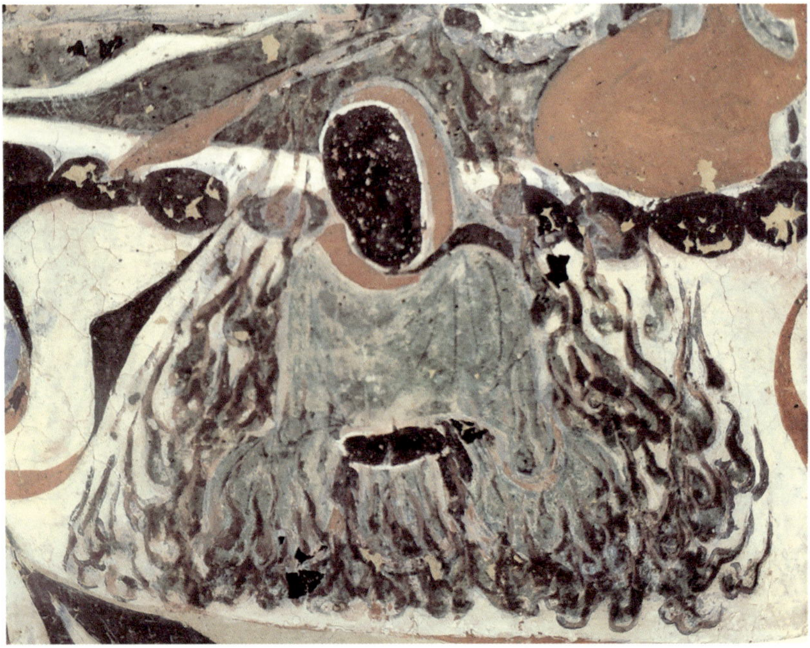

图 36　隋代第 295 窟西披　须跋陀罗身先入灭